Über Hamburg in die Welt

Hans-Hermann Groppe/Ursula Wöst

Über Hamburg in die Welt

Von den Auswandererhallen zur BallinStadt

Ellert & Richter Verlag

Hans-Hermann Groppe
geb. 1954, Studium der Germanistik, Geschichte und Pädagogik in Göttingen, langjähriger Mitarbeiter des Museumsdienstes Hamburg, Konzeption und Realisierung kulturhistorischer Ausstellungen; Referent für Kulturelle Bildung in der Hamburg Volkshochschule. Für das Museum der Arbeit in Hamburg Mitarbeit bei der fachlichen Betreuung und Projektkoordination des Ausstellungsprojekts *BallinStadt*.

Ursula Wöst
geb. 1966 in München, Ausbildung in Touristik und langjährige Tätigkeit bei einer Jugendaustauschorganisation mit Schwerpunkt interkulturelle Kommunikation. Studium der Geschichte und Skandinavistik in Hamburg. Seit dem Jahr 2003 begleitet sie das Projekt *BallinStadt* und ist dessen wissenschaftliche Leiterin.

Bibliografische Information der Deutschen Bibliothek
Die Deutsche Bibliothek verzeichnet diese Publikation in der Deutschen Nationalbibliografie; detaillierte bibliografische Daten sind im Internet über <http://dnb.ddb.de> abrufbar.

ISBN 978-3-8319-0274-3

Text und Bildlegenden:
Hans-Hermann Groppe, Ursula Wöst, Hamburg
Lektorat: Beatrix Sommer, Hamburg
Gestaltung: Büro Brückner + Partner, Bremen
Lithografie: Griebel-Repro, Hamburg
Gesamtherstellung: Offizin Andersen Nexö, Leipzig

Bildnachweis:
akg-images, Berlin: S. 29
Archiv Ellert & Richter, Hamburg: S. 11 o.
BallinStadt, Hamburg: Titel Rückseite re. u., S. 10 o., 67, 79, 80, 81, 82 o., 85
bpk – Bildarchiv Preußischer Kulturbesitz, Berlin: S. 9, 10 u., 27 (Zander und Labisch), 62 o.
Denkmalschutzamt Hamburg: Titelbild, Titel Rückseite Mitte + li. o., S. 14, 15 o., 18/19, 20 li., 28, 34, 36/37, 38, 39, 40 o., 41 o., 42/43, 44, 47, 48/49, 51, 52, 53, 56 o., 56 u.
Ellis Island Immigration Museum, New York: S. 84 u.
hamburgmuseum (Museum für Hamburgische Geschichte): S. 22 o.
Hapag-Lloyd AG, Hamburg: S. 12, 13, 30, 31, 32, 33, 55, 68/69, 72, 83
Helms-Museum Hamburg: S. 6
Raphaels-Werk, Dienst am Menschen unterwegs e. V. Hamburg: S. 57
Staatsarchiv Hamburg: Titel Rückseite li. u., S. 15 u., 20 re., 21 + 22 u. (Michael Zapf), 23, 24/25, 26 + 35 (Zapf), 40 u., 41 u., 54 (Zapf), 58/59, 70 (Zapf), 71, 75 (Zapf), 76/77, 86
Stadtarchiv Cuxhaven: S. 82 u.
Michael Zapf, Hamburg: S. 87
Sowie aus:
Berlin/Schmoock, Auswandererhafen Hamburg, Hamburg 2003: S. 7
Freeden/Smolka, Auswanderer, Leipzig 1937: S. 8
Granfield/Alda, Stories of immigrant life, Toronto 2001: S. 11 u.
Perec/Bober, Geschichten von Ellis Island, Berlin 1997: S. 61 o., 62 u., 63
Reeves, Ellis Island, New York 2006: Titel Rückseite re. o., S. 16, 64
Schulz, Hoffnung Amerika, Bremerhaven 1994: S. 61 u.

Der Verlag dankt dem Denkmalschutzamt Hamburg (Manja Biedermann und Uwe Kiemer), der Hapag-Lloyd AG (Konzernkommunikation) und dem Staatsarchiv Hamburg (Joachim Frank) für die gute Zusammenarbeit.

Inhalt

Vom Kommen und Gehen. Zur Migration in Europa im 19. und frühen 20. Jahrhundert

Hans-Hermann Groppe

Wanderungsbewegungen gehören zu den grundlegenden historischen Prozessen der Neuzeit und sind eine elementare Erfahrung vieler Menschen. Immer schon waren und sind große Teile der Menschheit in Bewegung – auf Wanderung oder auf der Flucht, friedvoll oder durch Gewalt getrieben. Das 19. und das frühe 20. Jahrhundert waren in Europa eine Epoche enormer Wanderungen. Ein- und Auswanderung, Binnen- und Transitwanderung prägten den Kontinent und besonders auch den deutschsprachigen Raum in dieser Zeit.

Über 60 Millionen Menschen verließen zwischen 1820 und 1915 die „Alte Welt“ Europa. Die meisten von ihnen gingen in die Neue Welt, etwa 80 Prozent in die Vereinigten Staaten, andere nach Kanada und Südamerika, einige nach Australien.

Ölgemälde „Der Abschied“ von Christian Ludwig Bokelmann (1844–1894, Harburg, Helms-Museum). Das Bild entstand 1894 und zeigt den Abschied von Auswanderern auf einem Hof bei Düsseldorf. Bokelmann war einer der ersten Maler, der die sozialen Nöte nicht nur der Arbeiter, sondern auch der Landbevölkerung darstellte.

Die Gründe, warum die Menschen gingen und was sie fortzog, die so genannten Push- und Pull-Faktoren, unterschieden sich je nach Herkunftsland, Region und individueller Situation. Allen gemeinsam war jedoch der Wunsch nach einem besseren Leben, besser als jenes, das zu Hause das Dasein bestimmte.

Die Menschen flohen aus wirtschaftlicher Not und vor politischer oder religiöser Verfolgung. Auswanderungsmotive reichten vom konkreten Wunsch nach einem eigenen Stück Land, größeren Wirtschafts- und Entfaltungsfreiheiten und Wohlstand bis zur illusionären Vorstellung, dass in der Neuen Welt Reichtum leicht zu erlangen und alles im Überfluss vorhanden sei.

In vielen europäischen Ländern herrschten im 19. Jahrhundert für große Bevölkerungsteile bittere Armut, Elend, Hunger und Hoffnungslosigkeit. In Osteuropa, besonders in Russland am Ende des 19. Jahrhunderts, kam die Bedrohung der jüdischen Bevölkerungsteile durch Verfolgung und Pogrome hinzu. Die Auswanderung erschien als Rettung, als einzige Lösung, der Misere in der Heimat zu entkommen. Sie war identisch mit der Hoffnung auf ein besseres Leben.

Hinter den ungeheuren Auswandererzahlen verbergen sich millionenfache Schicksale von Menschen, deren Leben auf der Suche nach Glück und Freiheit, Arbeit, Wohlstand und einer neuen Heimat durch ihre Migrationserfahrungen entscheidend geprägt wurde.

Dass so viele den Schritt ins Ungewisse wagten, war hauptsächlich eine Folge des krisenhaften Übergangs von der Agrar- zur Industriegesellschaft. Die europäischen Staaten und ihre noch in feudalen Strukturen verhafteten Systeme waren nicht mehr in der Lage, der rasant wachsenden Bevölkerung ausreichend Erwerbsmöglichkeiten zu bieten. Es gab für zu viele Menschen zu wenig Brot und

Arbeit. Allein im Deutschen Reich war die Bevölkerung von 25 Millionen um 1800 über 41 Millionen um 1870 auf 65 Millionen im Jahr 1910 angewachsen. Hinzu kamen Missernten und Kriegszerstörungen, behördliche Gängelung und verkrustete Sozialstrukturen. Trotz einer einsetzenden europäischen Binnenwanderung zu den neuen Industriestandorten, etwa im Ruhrgebiet mit dem entsprechenden Bedarf an Arbeitskräften, war der anspringende Industrialisierungsprozess in den europäischen Staaten noch nicht so weit fortgeschritten, genügend Arbeitsplätze zu schaffen. Gleichzeitig waren die Errungenschaften des beginnenden Industriezeitalters eine entscheidende Voraussetzung dieser Massenbewegung: Die Entwicklung der Verkehrstechnik und -wege, besonders bei der Eisenbahn und der Dampfschifffahrt, die allmähliche Liberalisierung von Wirtschafts- und Handelsformen wie auch der Abbau von staatlichen Auswanderungsbarrieren machten sie erst möglich.
Stimuliert wurden die Auswanderungswünsche von den Erzählungen und Berichten eines gelungenen Neubeginns in der neuen Heimat – besonders in Amerika, dem gelobten Land, dem Land der Hoffnungen und Träume, dem Land von Freiheit und Unabhängigkeit. Dokumentiert sind diese Verheißungen in zigmillionen Briefen, die die Zurückgebliebenen erreichten. Zusammen mit Ratgebern, Informations- und Aufklärungsliteratur waren diese Briefe Teil eines gut ausgebauten Informationsaustausches. Sie unterstützten die starken Kettenwanderungen jener Zeit: Viele folgten ihren Familienangehörigen, Freunden, Bekannten oder anderen Emigranten aus derselben Region oder Gemeinde. Es entfaltete sich eine gewaltige Eigendynamik, es kam regelrecht zu einem Auswanderungsfieber.
In den ersten großen Auswanderungswellen zwischen 1820 und 1880, auch „Old Immigration" genannt, waren es überwiegend West-, Mittel- und Nordeuropäer, Iren, Engländer, Skandinavier und viele Deutsche, die es meist in die Vereinigten Staaten zog. Allein 5,5 Millionen Deutsche verließen zwischen 1820 und 1914 ihr Heimatland, die Mehrzahl bis 1880. Heute gibt es über 40 Millionen US-Amerikaner, deren Vorfahren aus Deutschland stammen.
Politische Gründe, die nach den gescheiterten Freiheitsbewegungen am Anfang und Mitte des 19. Jahrhunderts das Motiv für einen Teil der deutschen Auswanderer gewesen waren, traten im Laufe des 19. Jahrhunderts zunehmend in den Hintergrund. Vorherrschend waren nun wirtschaftliche und soziale Gründe. Es überwogen die Aussicht auf freie Handels- und Wirtschaftsmöglichkeiten, auf die persönliche Freiheit und die Hoffnung, den Zwängen und Abhängigkeiten des veralteten feudalen Systems besonders in ländlichen Gebieten zu entkommen und zu Auskommen und Wohlstand zu gelangen. In der Wochenzeitung „Der deutsche Auswanderer" werden Auswanderungswillige beschrieben als Men-

Zeitgenössische Darstellung flüchtender Juden, erschienen in der Jüdischen Wochenzeitung, 1904. Ab 1881 flohen viele russische Juden vor Pogromen aus ihrer Heimat. Ihr Weg führte oft über Hamburg in die Neue Welt. Insgesamt verließen über eine Million osteuropäische Juden von Hamburg aus Europa.

schen, „denen es im Vaterlande, im alternden Europa unter den Ruinen des Mittelalters, unter den Trümmern des Feudalwesens unheimlich eng wird“.

Wie die objektiven Gründe, die für das Verlassen der Heimat sprachen, zur subjektiven Entscheidung für eine Auswanderung wurden, wer also ging oder wer aushielt und blieb, war von der jeweils individuellen Disposition und Umgebung abhängig. Es waren meist die Mutigen, die Energischen und die Jungen, die Risikobereiten und die besser Ausgebildeten, die gingen; aber es gingen auch die Armen, die Verzweifelten und die Schwachen.

Zu den Voraussetzungen zur massenhaften europaweiten Emigration, zu den Pull-Faktoren, gehörten natürlich auch die günstigen, bis zu Beginn des 20. Jahrhunderts weitgehend uneingeschränkten Möglichkeiten zur Immigration in den Einwanderungsländern: Aufgrund des Mangels an Arbeitskräften waren der Bedarf an Einwanderern und damit auch die Aufnahmebereitschaft enorm hoch.

Ab den 1880er- und besonders ab den 1890er-Jahren begann die zweite große Auswanderungswelle, die „New Immigration“. Jetzt kamen die Auswanderer zu zwei Dritteln aus Süd-, Ost-, Ostmittel- und Südosteuropa, aus Italien, Griechenland und besonders Russland, Polen, Galizien und Österreich-Ungarn. Allein im ersten Jahrzehnt des 20. Jahrhunderts kamen über zwei Millionen Einwanderer aus Österreich-Ungarn, über eineinhalb Millionen aus Russland und Polen. Von diesen waren über eine Million Juden, die meist vor den Verfolgungen flohen, die nach 1881 im zaristischen Russland eingesetzt hatten.

Nur noch zu einem geringen Teil waren die Auswanderer zu diesem Zeitpunkt Deutsche. Ihr Anteil betrug zwischen 1894 und 1914 lediglich noch elf Prozent. Ein Zeichen dafür, dass sich die ökonomische Situation für die Bevölkerung verbessert hatte; die Industrialisierung war hier, verglichen mit vielen anderen Gegenden Europas, weiter fortgeschritten. Das Deutsche Reich wurde nun eher zum Transitland, zu einer Station der „Durchwanderung“. Die deutsche Auswanderung ging zurück, die atlantische Auswanderung aber blieb ungebrochen und wurde umso wichtiger für die deutschen Auswandererhäfen Hamburg und Bremen und ihre Transatlantiklinien.

In der „Old Immigration“ waren die Ausgewanderten meist sozial besser gestellt, besser ausgebildet und vermögender als die Migranten der „New Immigration“, bei der viele der Osteuropäer als ungelernte Tagelöhner oder Landarbeiter aus ärmsten Verhältnissen kamen. Das war einer der Gründe, warum in den USA eine Abwehrhaltung gegen diese Einwanderer wuchs und in den 1920er-Jahren durch Quotengesetzgebungen die Einwanderungszahlen je nach Land reglementiert und festgelegt wurden.

„Fremde sind fremder, je ärmer sie sind“,

Der „Neu-Ruppiner Bilderbogen“ (etwa 1838) zeigt in „Freud und Leid“ sowohl die Hoffnungen und Erwartungen als auch die Realitäten und Erfahrungen der Ausgewanderten, wie sie auch in vielen Auswandererbriefen festgehalten sind.

Der Holzstich von 1887 illustriert die Einschiffung von Auswanderern bei Brunshausen in der Nähe von Stade. Passagiere steigen von einem kleineren Zubringerschiff auf einen großen Auswandererdampfer. Im kleinen Bildausschnitt oben rechts ist eine Abschiedssituation dargestellt.

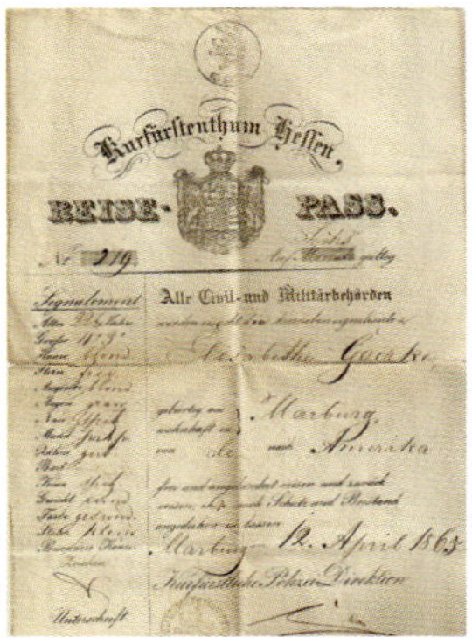

Reisepass des Kurfürstentums Hessen für eine Auswanderin aus Marburg, 1865

sagt der Schriftsteller und Essayist Hans Magnus Enzensberger.

Schon im 19. Jahrhundert wurde darüber debattiert, ob die Auswanderung ein Segen für die Gesellschaft sei, da sozialer Druck genommen werde, oder eher eine negative Auslese darstelle, da besonders die Leistungswilligen und -starken gingen. Ähnliche Argumentationen finden sich in der derzeitigen Diskussion in Deutschland um die steigende Zahl von Auswanderern, die 2005 mit 160.000 einen Nachkriegshöchststand erreichte. Auch heute wird ein Braindrain, ein Ausbluten durch den Fortgang von hoch Qualifizierten befürchtet.

Nicht alle Ausgewanderten fanden in den Zielländern, was sie suchten. Fast ein Viertel der Emigranten – Schätzungen gehen von über zehn Millionen aus – kehrten aus unterschiedlichen Gründen wieder in die Heimat zurück. Die Hoffnungen hatten sich nicht erfüllt, die Bedingungen im gelobten Land erwiesen sich als doch zu hart, die Sehnsucht nach der Heimat war zu stark; oder sie konnten nicht Fuß fassen, fühlten sich nicht wohl – trotz der Aufnahme in die Gemeinschaft ihrer ebenfalls ausgewanderten Landsleute, in der die heimische Sprache und vertraute Gewohnheiten gelebt und tradiert wurden.

Manchmal war aber auch der Aufenthalt von vornherein als Arbeitsmigration geplant und nicht auf Dauer angelegt. Viele kehrten, nachdem sie in Amerika ein kleines Vermögen verdient hatten, in ihre alte Heimat zurück.

Der Weg vieler Emigranten führte über Hamburg und Bremen. Die beiden Hafenstädte waren im Laufe des 19. Jahrhunderts zu wichtigen Auswandererhäfen geworden. Von hier aus verließen die meisten Osteuropäer den alten Kontinent in Richtung Vereinigte Staaten. Bis 1914 passierten mehr als fünf Millionen Russen, Polen und Österreich-Ungarn die beiden Seehäfen.

Für die Auswanderer waren die beiden Städte Transitstationen. In Hamburg warteten sie ab 1901 auf ihre Schiffe in eigens für sie errichteten Unterkünften: den Auswandererhallen auf der Elbinsel Veddel an der südlichen Grenze der Stadt. Über 1,2 Millionen Menschen hielten sich in den 14 Jahren von 1901 bis 1914 in den Auswandererhallen auf. Von der HAPAG (Hamburg-Amerikanische Packetfahrt-Actien-Gesellschaft) gebaut und betrieben, in Idee und Anlage einzigartig und daher auch ein besonderer Ort in der Geschichte der Emigration, markieren die Hallen die Blütezeit der Auswanderung über Hamburg.

Betrachtet man die gesamte europäische Auswanderung ist dies eine vergleichsweise kleine Spanne. Und doch verdichten sich an diesem speziellen Ort viele signifikante und über den historischen Zeitraum des Betriebs der Auswandererhallen hinausweisende Aspekte der Geschichte der Emigration.

„In der dritten Klasse eines Auswandererhauses in Hamburg." Im Holzstich von 1882 wird die drangvolle Enge während der Wartezeit in einer Auswandererherberge sichtbar. (Leipziger Illustrierte Zeitung, 1882)

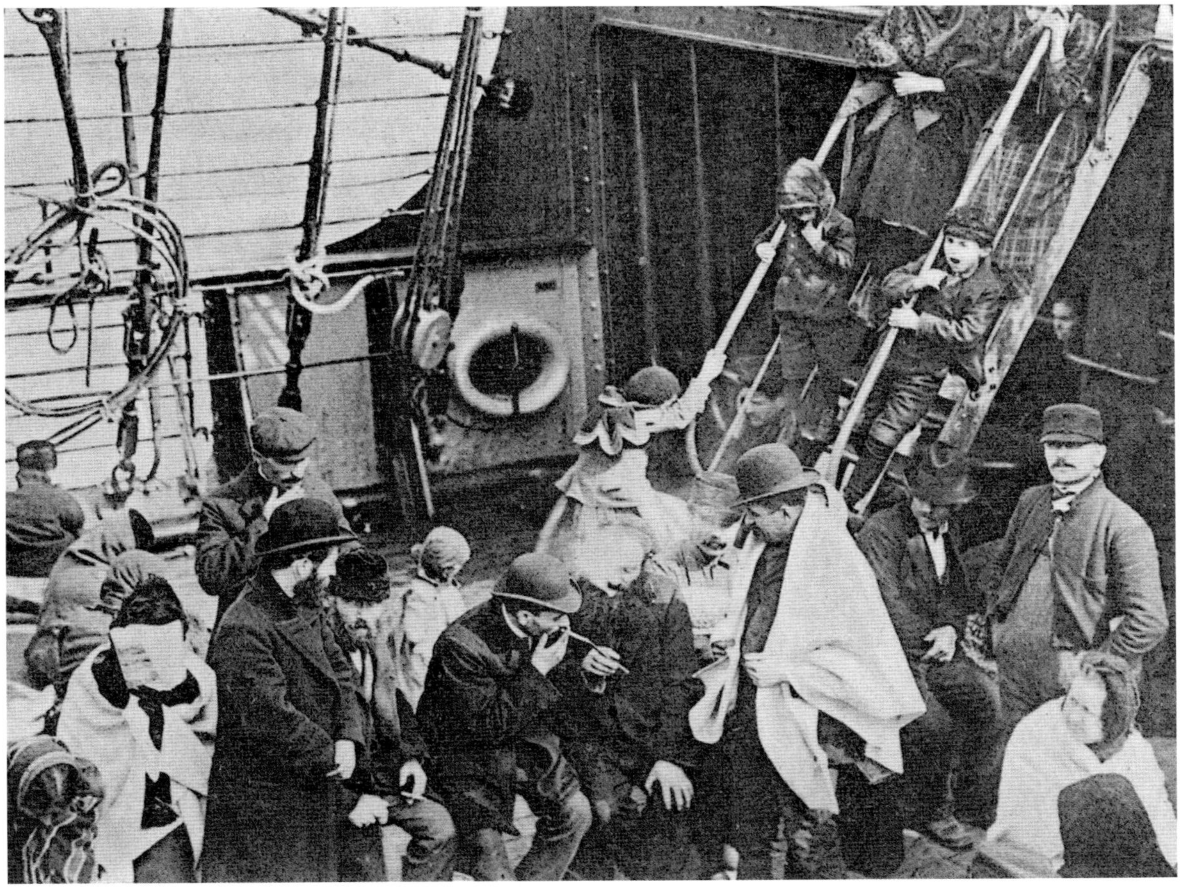

„An Bord eines Auswandererdampfschiffs“, so der Titel der Postkarte von etwa 1880. Die Zeiten, zu denen die Passagiere die engen Räume des Zwischendecks verlassen und auf das Oberdeck durften, waren knapp bemessen.

Straßenszene in der Orchard Street in New York. Die Orchard Street war eines der zentralen Auswandererquartiere in der Lower East Side. Viele Emigranten fanden hier vorübergehend Unterkunft und Hilfe in der Umgebung ihrer Landsleute; viele blieben, und Straßen wie diese wurden zur neuen Heimat. Das Tenement Museum in der Orchard Street zeigt in ehemaligen Auswandererwohnungen auf sehr anschauliche Weise den Lebensalltag der Menschen in ihrer neuen Umgebung.

Hamburg als Auswandererhafen

Hans-Hermann Groppe

Porträt des 25-jährigen Albert Ballin (1882, M. Graupenstein). Zu diesem Zeitpunkt war Ballin noch nicht in Diensten der 1847 gegründeten HAPAG (Hamburg-Amerikanische Packetfahrt-Actien-Gesellschaft).

Hamburg war erst relativ spät in das lukrative Geschäft mit den Auswanderern eingestiegen, und es dauerte bis in die 80er-Jahre des 19. Jahrhunderts, bis die Hansestadt eine führende Position innehatte. Zuvor gingen die Auswandererströme zu den Atlantikhäfen Antwerpen, Le Havre und Rotterdam. In Deutschland war es dann zunächst Bremen, das auf die Auswanderungswellen reagierte und mit den neuen Hafenanlagen in Bremerhaven schnell zum florierenden Auswanderungshafen aufrückte. In Bremen wurden bereits ab 1832 Ordnungen erlassen, in denen das Auswandererwesen geregelt wurde. Die Auswanderergesetze verpflichteten die Reedereien, auf den Schiffen ein Mindestmaß an Proviant und Platz zur Verfügung zu stellen, die Seetüchtigkeit der Schiffe nachzuweisen und Passagierlisten zu führen. Dies bot den Auswanderern gewisse Sicherheiten in Unterbringung und Verpflegung und machte Bremen für Auswanderer attraktiv. Und nicht nur das: Bremen war auf dem Wasserweg über die Weser für viele gut erreichbar und verfügte traditionell über gute Handelsbeziehungen zu Nordamerika. Ab 1857 gab es mit dem „Norddeutschen Lloyd" die erste regelmäßige Dampfschiffverbindung zwischen Deutschland und den USA. Bremen wurde der wichtigste Auswandererhafen für deutsche Emigranten. Insgesamt verließen zwischen 1830 und 1975 über sieben Millionen Menschen über Bremen Europa, etwa je zur Hälfte Deutsche und Osteuropäer.

Hamburg verhielt sich zunächst reserviert, die Auswanderungszahlen waren bescheiden. Noch 1832 wurden Verbote für Emigranten in Gruppen erneuert, aus Angst davor, dass mittellose Reisende der Armenfürsorge zur Last fallen könnten. Folglich verzeichnete Hamburg zwischen 1836 und 1850 lediglich 50.000 Auswanderer, Bremen hingegen knapp 300.000.

Allerdings erkannte Hamburg alsbald die Vorteile der Auswandererbeförderung für die städtische Wirtschaft und begann ab 1837 das Auswandererwesen nach Bremer Vorbild zu organisieren, um die Menschenströme stärker nach Hamburg zu lenken. Das Geld der Transitreisenden floss auf mancherlei Wegen in die Stadt: zu den Reedereien und Schiffseignern, zu Kaufleuten und Expedienten, zu den Gastwirten und Herbergsbesitzern, zu Agenten und Vermittlern – und damit über die Einkommens- und Unternehmenssteuern auch in die Stadtkasse.

1847 wurden weitere Bremer Auswanderungsverordnungen übernommen und schließlich die HAPAG (Hamburg-Amerikanische Packetfahrt-Actien-Gesellschaft) gegründet, die unter ihrem späteren Generaldirektor Albert Ballin in erster Linie durch das Auswanderergeschäft zur größten Schifffahrtsgesellschaft der Welt wurde. Zu den Verordnungen gehörte auch das Anlegen von Statistiken und Passagierlisten. Statistiken wurden in Hamburg seit 1837 geführt. Die Hamburger Passagierlisten sind mit genauen Angaben von 1850 bis 1934 vollständig erhalten.

Hamburg hatte als Auswandererstadt lange Zeit einen schlechten Ruf. Das lag zum einen an den „Litzern", den kleinen Vermittlern und Gaunern, und den betrügerischen Wirten, die ihr Unwesen mit den unbedarften Auswanderern trieben. Zum anderen waren es die unzureichenden Unterbringungsmöglichkeiten in den überfüllten Herbergen und Quartieren der Stadt, die für das schlechte Ansehen sorgten. Teilweise waren einzelne Zimmer mit sechs Personen belegt. Um die Bedingungen erträglicher zu gestalten und die Stadt als Durchreisestation attraktiver zu machen, wurde 1850 in Anlehnung an Bremer Bestimmungen der Hamburger Verein zum Schutz der Auswanderer gegründet und 1851 ein Auswanderernachweisbüro eröffnet, um den meist per Eisenbahn ankommenden Menschen mit zuverlässigen Auskünften zu helfen. Der

Der um 1900 entstandene Querschnitt des Schnelldampfers *Deutschland* der Hamburg-Amerika Linie lässt sehr gut die unterschiedlichen Unterbringungsbedingungen und die Trennung der Passagiere nach den jeweiligen Decksklassen erkennen.

Auswanderer gehen um 1910 an Bord, kontrolliert von HAPAG-Angestellten und beobachtet von Polizisten.

Ansicht eines Speisesaals auf einem Überseedampfer, um 1913. Die Unterbringungsbedingungen an Bord der Schiffe hatten sich am Ende des 19. und zu Beginn des 20. Jahrhunderts gegenüber der Zeit der Segelschiffe deutlich verbessert.

Schlafräume im Zwischendeck auf dem HAPAG-Dampfer *Amerika*, der 1905 in Dienst gestellt wurde.

Plakat der White Star Line (ca. 1880), das unter anderem mit ungewöhnlich großzügigen, gut beleuchteten, ventilierten und geheizten Räumen im Zwischendeck für die Passage von Liverpool nach New York warb. Viele Menschen wählten den Weg der indirekten Auswanderung, der über Hamburg zunächst nach Liverpool und von dort dann nach Amerika führte.

weiter ansteigende Zustrom von Emigranten führte 1855 zur Einrichtung der „Deputation für das Auswandererwesen“, die das Nachweisbüro als städtische Aufgabe übernahm und die ab 1887 in Auswandererbehörde umbenannt wurde.
Ein weiterer Grund für den schlechten Ruf Hamburgs war die sogenannte indirekte Auswanderung, die meist über englische Nordseehäfen, insbesondere Liverpool, in die Vereinigten Staaten führte. Dieser Weg war zwar billiger und meist auch schneller als die direkte Route ab Hamburg, da die Schiffe ab Liverpool häufiger fuhren, war aber auch erheblich strapaziöser und gefährlicher. Er führte meist per Schiff zunächst nach Hull in Ostengland und dann per Bahn nach Liverpool zu den Überseeschiffen. Die englischen Bestimmungen für den Passagieren zustehenden Raumbedarf, für Proviant, sanitäre Einrichtungen und ärztliche Kontrolle waren deutlich schlechter als in Hamburg und Bremen. Die Landetappe machte die Reise mühsamer, Sprachschwierigkeiten kamen hinzu. Zwischen 1853 und 1891 betrug der Anteil der indirekten Auswanderung im Verhältnis zur jährlichen Gesamtauswanderung oft mehr als ein Drittel. Im Jahr 1854 waren dies beispielsweise 18.000 Personen. Insgesamt wählten zwischen 1850 und 1914 fast 700.000 Menschen den nicht direkten Weg von Hamburg aus über andere europäischen Häfen in die Neue Welt.
Auswanderer waren ein wichtiger Wirtschaftsfaktor geworden. Ein Exportartikel, eine Ware. Seehäfen wie Hamburg waren Auswandererumschlagplätze. Das erfolgreiche System beruhte auf einem Waren-Personen-Verkehr. Oder wie es treffend in einer zeitgenössischen Karikatur kommentiert wurde: „Import und Export. Zu deutsch: Waaren herein! Menschen hinaus.“
Überseeschiffe brachten Waren nach Deutschland, vor allem Rohstoffe wie Baumwolle, Tabak, Reis, Tran – Artikel, die viel Platz benötigten. Die Fertigwaren, die nach Amerika transportiert wurden, wie Leinen oder Glas, brauchten weniger Raum. In den Seglern blieb Platz und Transportraum für Auswanderer. Zwischen Oberdeck und Laderaum wurden Zwischendecks eingezogen, die auf der West-Ost-Route wieder entfernt werden konnten.
Zur Zeit der Segelschiffe waren die Bedingungen in den Zwischendecks meist katastrophal, der Raum war extrem eng und nur 1,80 Meter hoch, oft durften die Passagiere während der Reise nur kurz an Deck, die Luft war stickig, der Schlafraum war gleichzeitig Ess- und Aufenthaltsraum, die Ernährung war dürftig und einseitig, und die Fahrt dauerte sechs bis sieben Wochen. Krankheiten und Epidemien waren keine Seltenheit, viele Passagiere überlebten die Überfahrt nicht.
Im Laufe der zweiten Hälfte des 19. Jahrhunderts löste die Dampfschifffahrt die Segelschiffe ab. Während 1856 lediglich fünf Prozent der Einwanderer in New York mit einem Dampfer ankamen, waren es 1870 bereits 80 Prozent. Die Bedingungen an Bord verbesserten sich und die Fahrt wurde mit durchschnittlich zwei Wochen wesentlich kürzer. Die neuen Schnelldampfer der HAPAG schafften die Überfahrt sogar in neun Tagen. Auch die Transportkapazitäten der neuen Schiffe waren deutlich gewachsen; während auf den Segelschiffen nur einige Hundert Menschen befördert wurden, konnten auf den Dampfschiffen jetzt 1500 bis 2500 Personen Platz finden.
Hamburg profitierte in großem Maße von der immensen Zunahme der Auswanderung durch Osteuropäer, besonders durch osteuropäische Juden, die ab 1880 vor Verfolgung und Pogromen flohen. 1891 erreichte die Zahl der Emigranten mit fast 150.000 eine neue Rekordmarke. In diesem Jahr überholte Hamburg Bremen in der Auswandererzahl. Die HAPAG erzielte außerordentliche Gewinne. Sie hatte auf dem Großen Grasbrook 1892 neue Abfertigungshallen errichtet, die in späteren Jahren noch erweitert wurden. Von hier brachten Tender, kleinere Zubringerboote, die Passagiere zu den Liegeplätzen der Schiffe.

Nächste Doppelseite: Ansicht der Passagierhallen der HAPAG auf dem Großen Grasbrook in Hamburg, um 1895: Nach dem Aufenthalt in den Auswandererhallen wurden die Reisenden nach nochmaliger Untersuchung von hier aus meist mit Zubringerbooten zu den Dampfern gebracht.

Oben: „Hutkarte“ eines Auswandererhauses. Erkennungsmerkmal, um einen Ankommenden zum Quartier bringen zu können.

Rechts: Auswandererherberge „Gasthof Bayrischen-Haus“. Im Verzeichnis der Auswandererbehörde von 1891 wird die Höchstbelegungszahl für dieses Logishaus mit 27 Personen angegeben. Ob sich der Wirt daran gehalten hat, ist fraglich.

Die wachsende Zahl der Transitwanderer verschärfte jedoch die Unterbringungsprobleme in der Stadt. Die privaten Logishäuser konnten den Ansturm nicht mehr bewältigen, die Auswanderer mussten teilweise auf Logierschiffen und in Notquartieren untergebracht werden. Aufgrund dieser Situation und um mittellose Juden erst gar nicht nach Hamburg gelangen zu lassen, drängte der Senat, die Kontrollen an der preußisch-russischen Grenze zu verschärfen. Um die Grenze passieren zu können, brauchten ärmere Juden nun eine Bescheinigung eines jüdischen Hilfskomitees, dass sie niemanden zur Last fallen würden. Die Zahl jüdischer Auswanderer ging zurück. 1892 wurden auf Anordnung des Senats von der HAPAG am Amerikakai Baracken zur Unterbringung von maximal 1400 Personen in zehn Schlafsälen errichtet, deren sanitäre und hygienische Verhältnisse aber alles andere als vorbildlich waren.
Der Ausbruch der verheerenden Choleraepidemie im August 1892, der über 8000 Menschen zum Opfer fielen, bedeutete einen drastischen Einschnitt im Transitgeschäft und brachte den Auswandererverkehr fast völlig zum Erliegen. Osteuropäer wurden für das Einschleppen der Cholera verantwortlich gemacht. Das fremdartige äußere Erscheinungsbild vieler Emigranten reichte aus, sie als Krankheitsherde zu verdächtigen: „der russische und polnische Jude im langen fettigen Kaftan, der ruthenische Bauer im langen, die Wolle nach innen gekehrten, unsäglich schmutzigen Schafspelz, die Frauen mit langen Schaftstiefeln über ihren nackten Beinen" wie noch 1900 eine Berliner Zeitung über die Auswanderer schrieb, die den Berliner Bahnhof Ruhleben passierten. Allen Osteuropäern wurde nach dem Ausbrechen der Epidemie sofort das Betreten preußischen Bodens untersagt, auch Hamburgs Grenze wurde geschlossen. Die Russen, die sich in den Auswandererbaracken befanden, durften diese nicht verlassen. Die HAPAG wie auch die Bremer Konkurrenz, der Norddeutsche Lloyd, fürchteten um ihr Geschäft, ja sogar ihren Ruin. Albert Ballin hatte einmal formuliert: „Ohne Zwischendeckpassagiere wäre ich innerhalb weniger Wochen bankrott." Und diese Passagiere waren zu dieser Zeit überwiegend russische Juden, die nicht mehr in die Stadt durften. Um die Einreisesperren wieder aufzuheben, wurden die HAPAG und der Norddeutsche Lloyd sofort aktiv. In Bremen, das von der Cholera weitgehend verschont geblieben war, wurden die Einreiseverbote rasch aufgehoben, in Hamburg nicht. Die HAPAG verhandelte lange und zäh mit dem Senat und drohte schließlich damit, große Teile des Betriebs an die Wesermündung nach Nordenham zu verlegen. Daraufhin gab der Senat nach. Ab 1893 war die Einreise in die Stadt wieder möglich, da jetzt an den Grenzstationen des Reiches, in den Durchgangsbahnhöfen und in den Hafenstädten unter

Ansicht des Amerikakais um 1895; dort waren 1892 von der HAPAG Auswandererbaracken eingerichtet worden, die aber nur kurze Zeit genutzt wurden.

Innenhof der 1892 errichteten Auswanderer-baracken auf dem Amerikakai.

Innenansicht einer Baracke am Amerikakai. Selbst für damalige Verhältnisse waren diese Unterkünfte äußerst primitiv.

Untersuchung einer Auswanderin, vermutlich in den Passagierhallen auf dem Großen Grasbrook kurz vor dem Aufbruch.

Nächste Doppelseite: Menschen und Gepäck warten vor den Passagierhallen der HAPAG auf dem Großen Grasbrook auf die Einschiffung.

Passagier

staatlicher Aufsicht umfassende medizinische Kontrollen und Desinfizierungsmaßnahmen durchgeführt wurden. Die Kosten hierfür übernahmen die Reedereien. Dabei ging es in erster Linie um den gesundheitlichen Schutz der heimischen städtischen Bevölkerung, weniger um das Wohlergehen der Reisenden. Dies zeigt auch eine Episode kurz nach Ausbruch der Cholera. Etliche Dampfer der HAPAG verließen, obwohl der Verdacht auf Choleraerkrankungen der Passagiere hoch war, mit fragwürdigen gesundheitlichen Unbedenklichkeitserklärungen die Stadt. An Bord brach Cholera aus, viele Passagiere starben, und ein Schiff, die *Normannia*, musste wieder nach Europa zurückkehren. Den Passagieren war von aufgebrachten Amerikanern aus Angst vor Ansteckung gewaltsam verwehrt worden, an Land zu gehen.

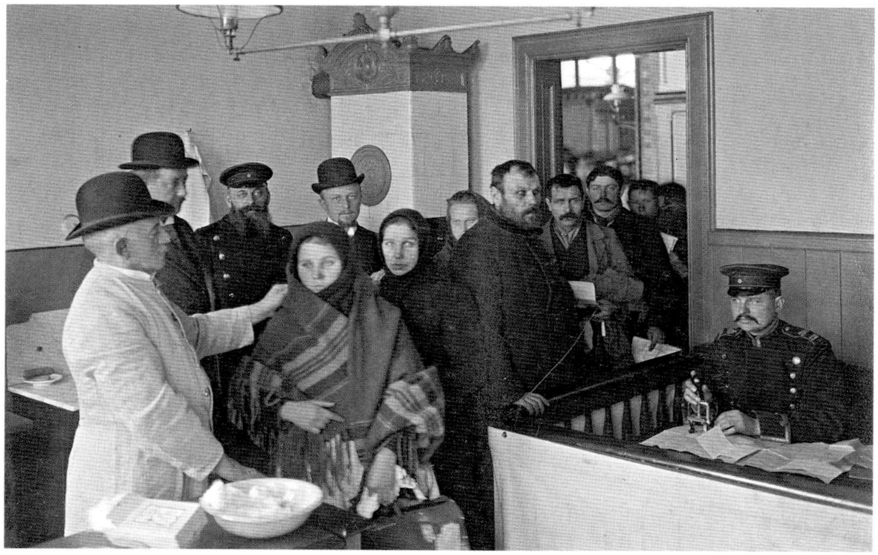

Unmittelbar vor ihrer Abreise wurden die Passagiere nochmals von einem Arzt begutachtet und ein Angestellter der HAPAG kontrollierte die Schiffstickets und erstellte die Passagierlisten.

Hygienische Kontrollen zur Verhinderung weiterer Epidemien und die Abwehr ansteckender Krankheiten bestimmten nun die Reise. Die Auswanderer mussten mehrere hygienische Untersuchungen über sich ergehen lassen: an der preußischen Grenze und/oder den Durchgangsstationen (der Bahnhof Ruhleben in Berlin war zur zentralen Zwischenstation für Osteuropa geworden), bei der Ankunft in Hamburg, noch einmal vor der Abreise aus Hamburg und dann, letztlich entscheidend, bei der Ankunft in den Vereinigten Staaten. Die Verlässlichkeit dieser Gesundheitskontrollen, die oft aus sehr oberflächlichen Untersuchungen und Duschbädern bestanden, wurde schon in zeitgenössischen Berichten vielfach bezweifelt. So erschien im sozialdemokratischen „Vorwärts" unter dem Titel „Mit Ballin unterwegs" eine polemische Artikelserie über die teilweise schikanösen und zweifelhaften Hygienemaßnahmen.
Es lag aber auch im vitalen Interesse der Reedereien, dass die Auswanderer gesund, „desinfiziert" und frei von ansteckenden Krankheiten waren. Wurden sie bei der Einreise in die USA abgewiesen, waren die Reedereien verpflichtet, die Rückreise zu finanzieren.
Verbessert wurde im Laufe der Jahre auch der Gesundheitsschutz auf den Schiffen, ab 1887 musste jedes Schiff einen Arzt an Bord haben. Ebenfalls 1887 wurden in Hamburg die verschiedenen Auswanderungsverordnungen der vergangenen 50 Jahre in einem Gesetz zusammengefasst. Hierbei waren die Vorschriften für den Zwischendecktransport strenger und detaillierter als in Bremen.
Nach der Cholerazeit und in Verbindung mit den neuen Gesundheitsregelungen entstand Ende der 1890er-Jahre ein geradezu lückenloses, gut funktionierendes und gewinnbringendes System. Agenten der Reedereien warben die Auswanderer in ihren Heimatländern mit „All-inclusive"-Angeboten und arrangierten häufig die ganze Reise. Mit den Schiffstickets erwarben die Emigranten auch Bahnfahrkarten für die Fahrt in Sonderzü-

gen von den Grenzkontrollstationen zu den Hafenstädten inklusive der Unterbringung und Verpflegung in Massenquartieren, in denen sie auf die Abfahrt der Schiffe warteten. Die Stadt musste nicht befürchten, sich um mittellose Auswanderer kümmern zu müssen, da sie ja bereits vor der Ankunft für Weiterreise, Unterkunft und Verpflegung bezahlt hatten. Dies Konzept machte den Reiseweg mit all den Unannehmlichkeiten auch für die Auswanderer planbarer, sicherer und verlässlicher.

Die HAPAG in Hamburg und der Norddeutsche Lloyd in Bremen hatten sich – nicht zuletzt durch die Kontrollstationen an den Grenzen – in Deutschland praktisch eine Monopolstellung in der Auswandererbeförderung geschaffen. Sie übernahmen konkurrierende Reedereien und sicherten durch Absprachen und Kooperationen ihre führenden Positionen. Die HAPAG wurde jetzt kurz „Hamburg-Amerika Linie" genannt. Im Volksmund wurde das Kürzel gelegentlich mit „Haben Alle Passagiere Auch Geld" übersetzt.

Bis 1900 stiegen die Auswandererzahlen in Hamburg allmählich wieder an. Von 1889 bis 1914 wurden 2,6 Millionen Emigranten gezählt, im Jahresdurchschnitt etwa 75.000 Menschen, ein Drittel der im alten Kerngebiet Hamburgs lebenden Bevölkerung. Mit den steigenden Zahlen wurde das Problem der Unterbringung in der Stadt wieder akut, zumal die Baracken am Amerikakai den sanitären und hygienischen Anforderungen nicht entsprachen. Auch war der Ruf dieser Quartiere wenig werbewirksam.

1900 wurden von der HAPAG bereits vorhandene Pläne einer großen neuen Anlage von Auswandererunterkünften wieder aufgegriffen und diesmal auch umgesetzt. Die Stadt, die zur Hafenerweiterung ohnehin das Gelände am Amerikakai brauchte, überließ der HAPAG ausreichend Flächen auf der Elbinsel Veddel zwischen der Harburger Chaussee und der Landesgrenze. Der Platz war ideal, da er über einen eigenen Eisenbahnanschluss am Rand der Stadt verfügte.

Im ersten Bauabschnitt 1901 entstanden zunächst 15 Gebäude für 1000 Personen. Auch der Name war neu: Statt der unschön klingenden Bezeichnung „Auswandererbaracken" hießen die Unterkünfte nun „Auswandererhallen". Am 14. Dezember 1901 wurden sie eröffnet. Die wichtigste Zeitung der Stadt, der Hamburger Correspondent, berichtete: „Wie eine kleine Stadt, umgeben von einem hohen Palisadenzaun, liegen die weitläufigen Baulichkeiten da, um eine Kirche mit stattlichem Turm gruppiert. ... Der Platz, auf dem sie erbaut ist, wurde der Hamburg-Amerika-Linie vom hamburgischen Staate unentgeltlich zur Verfügung gestellt. Er ist rund 25.000 Quadratmeter groß und liegt so, dass die Auswanderer von einer besonderen Bahnhofsanlage aus dort eintreffen und dann an Bord gebracht werden, ohne dass sie die Stadt berühren."

Ankunft von Emigranten auf dem Auswandererbahnhof Ruhleben in Berlin, um 1900

Albert Ballin

Hans-Hermann Groppe
Ursula Wöst

„Er wurde nie Bürgermeister, war nicht einmal Mitglied der Bürgerschaft, und kein Ballin-Wappen ziert heute die Rathausfassade wie die anderer, weniger berühmter Männer der Stadt." So werden Erinnerung und Gedenken Hamburgs an Albert Ballin in seiner Biografie von Lamar Cecil beschrieben. Albert Ballin prägte die Geschichte der HAPAG, lebte den ihm zugeschriebenen Unternehmensleitspruch „Mein Feld ist die Welt" und war eine der wichtigsten Persönlichkeiten des Kaiserreichs. Als Geschäftsmann, Diplomat und Mensch hoch geachtet, gleichzeitig als „Kaiserjude" verspottet, blieb er mit seiner ungewöhnlichen und vielschichtigen Persönlichkeit immer auch ein Außenseiter. Er reiste viel, galt als weltgewandt und charmant, doch seine Heimat war und blieb Hamburg.

Ansicht des Baumwalls, der Gegend, in der Albert Ballin aufwuchs, Ende der 1920er-Jahre. Im Hintergrund ist die *Cap Arcona* zu sehen, die für die Reederei Hamburg Süd ab 1927 viele Auswanderer nach Südamerika brachte.

Albert Ballin wurde 1857 in St. Pauli als 13. Sohn des dänischen jüdischen Kaufmanns Samuel Joel Ballin geboren. Er wuchs in einfachen Verhältnissen auf. Der Vater gründete eine kleine Auswandereragentur, in die der 17-jährige Sohn nach seinem Tod einstieg. Aufgrund seiner brillanten Geschäftsideen, seines Organisationstalents und seines Verhandlungsgeschicks machte er eine glänzende Karriere, wurde 1888 in das Direktorium der HAPAG berufen und 1899 ihr Generaldirektor.
In einem zeittypischen patriarchalischen Führungsstil lenkte er die Geschicke der HAPAG in unruhigen Zeiten. Das Passagegeschäft, die Beförderung von Auswanderern, war seit den 1880er-Jahren einer der wichtigsten Geschäftszweige der Reederei. Von den Auswanderern hing der Erfolg der HAPAG wesentlich ab. Dies zeigte sich besonders, als 1892 nach Ausbruch der Choleraepidemie in Hamburg das „Auswanderergeschäft" zum Erliegen kam. Dank Ballins geschickten Verhandlungen konnte durch die Einrichtung der Kontrollstationen an den Reichsgrenzen und der damit verbundenen Wiederbelebung des Passagegeschäfts die HAPAG vor dem Niedergang bewahrt werden. Die Einrichtung von Auswandererunterkünften und besonders der Bau der Auswandererhallen auf der Veddel wären ohne seine Initiative und seinen Geschäftssinn undenkbar gewesen.
Ballin machte die HAPAG um 1900 zur größten Reederei der Welt. 1914 bestand die HAPAG-Flotte aus 175 Schiffen, die Reederei unterhielt Liniendienste zu allen Kontinenten und über 20.000 Menschen waren bei der Gesellschaft beschäftigt. Er erwarb für die HAPAG verschiedene Reedereien und suchte in Gesprächen auch mit Konkurrenten wie dem Norddeutschen Lloyd meist den Kompromiss, dabei immer

Albert Ballin auf dem Höhepunkt seiner Karriere als Generaldirektor der HAPAG, der größten Reederei der Welt. Ölgemälde von Henry L. Geertz

Das Plakat weist zum einen auf den wöchentlichen Liniendienst der Kaiserlich Deutschen Post von Hamburg nach New York hin sowie auf die zweimal pro Monat festgelegten Reisen von Hamburg nach Westindien.

Die *Imperator*, das zum damaligen Zeitpunkt größte Schiff der Welt, 1913/1914. Plakatkünstler A. F. Bishop. Die HAPAG ließ für die Route Hamburg–New York drei Riesenschiffe bauen, 1912 lief die *Imperator* vom Stapel, 1913 die *Vaterland* und 1914 die *Bismarck*.

Das von Felix Schwormstädt um 1904 entworfene Plakat will eine kaufkräftige Zielgruppe für Vergnügungsreisen auf See begeistern. Ab 1891 bot die Hamburg-Amerika Linie auch Kreuzfahrten an. Die *Augusta Victoria* verließ in diesem Jahr als erstes Kreuzfahrtschiff der Welt den Hamburger Hafen. Auf dem Plakat sind vor der Reling Shuffle-Board-Spieler zu sehen, im Hintergrund vermutlich die *Deutschland*.

auf den wirtschaftlichen Vorteil der HAPAG bedacht. Und er erfand die Kreuzfahrten, 1891 führte die erste Kreuzfahrt ins Mittelmeer. Ballin war am Vorabend des Ersten Weltkriegs *der* Mann der deutschen Schifffahrt, neben dem Kaiser einer der berühmtesten Deutschen und galt als Berater und Freund des Monarchen, der bei ihm in Hamburg oft zu Gast war. Daher wurde er auch des „Kaisers Reeder" genannt. Trotzdem reichte sein politischer Einfluss nicht aus, Berlin von seiner friedensbedrohlichen und englandfeindlichen Politik abzubringen. Auch seine diplomatischen Bemühungen, kurz vor Kriegsbeginn einen Ausgleich mit England herbeizuführen, scheiterten. Er sah die Katastrophe des Ersten Weltkriegs kommen, die auch zu einer Katastrophe für die HAPAG wurde.

Als Albert Ballin am 9. November 1918 aus dem Leben schied, war sein Lebenswerk zerstört. Die Erinnerung an ihn, zunächst noch lebendig und voller Hochachtung, wurde von den Nationalsozialisten aufgrund seiner jüdischen Herkunft unterdrückt, sein Name aus dem öffentlichen Bild und Gedächtnis der Stadt getilgt. So wurde beispielsweise das Ballinhaus in Messberghof umbenannt. Ab 2007 wird die BallinStadt, auf dem historischen Gelände der Auswandererhallen und benannt nach ihrem Erfinder, dazu beitragen, dass Albert Ballins Verdienste für Hamburg in der Hansestadt und darüber hinaus in der Welt eine neue Aufmerksamkeit und Würdigung erfahren.

Links: Das Plakat um 1924/25 (Künstler unbekannt) mit dem modernisierten HAPAG-Logo zeigt vermutlich den Dampfer *Hansa* 2.

Rechts: Werbeplakat für die Sowjetunion (1926, Plakatkünstler Ottomar Anton), auf dem „Reisen in alle Länder der Erde auf unseren schnellen und komfortablen (Dampf-)Schiffen" angepriesen werden.

Modellstadt Auswandererhallen – „Eine Stadt für sich"

Hans-Hermann Groppe

In zeitgenössischen Berichten werden die Auswandererhallen häufig als „eine Stadt für sich" oder als „eine Stadt in der Stadt" charakterisiert. Der Journalist Norbert Jacques schildert 1930 in seiner Autobiografie einen Besuch der Quartiere: „Im Hafen gibt es eine Stadt für sich. Sie scheint aus fremden Ländern wie verpflanzt. ... Man könnte dies Städtchen, in welchem baumbebordete Straßen, Plätze, Hotels, Kirchen liegen, eine Stadt der Sehnsucht nennen. Denn es sind die Auswandererhallen der Hamburg-Amerika Linie."
Die neuen Gebäude auf der Veddel hatten in der Tat die Dimension einer kleinen Stadt, nachdem sie in unterschiedlichen Bauphasen aufgrund des großen Andrangs von Durchreisenden bis 1907 mehrfach erweitert wurden. Zu den ursprünglich neun Schlafhallen waren 1905 zunächst acht provisorische Baracken und dann 1907 weitere 18 Unterkünfte in Pavillonform hinzugekommen. Schließlich bestand die gesamte Anlage aus mehr als 30 Gebäuden und bis zu 5000 Menschen konnten zur gleichen Zeit aufgenommen werden. Neben den eigentlichen Schlafsälen befanden sich in jedem Pavillon Toiletten, ein Aufenthaltsraum und ein

Zeitgenössische Gesamtansicht der Auswandererhallen: Auf circa 60.000 Quadratmetern wurden zwischen 1900 und 1907 in zwei Bauabschnitten mehr als 30 Gebäude errichtet.

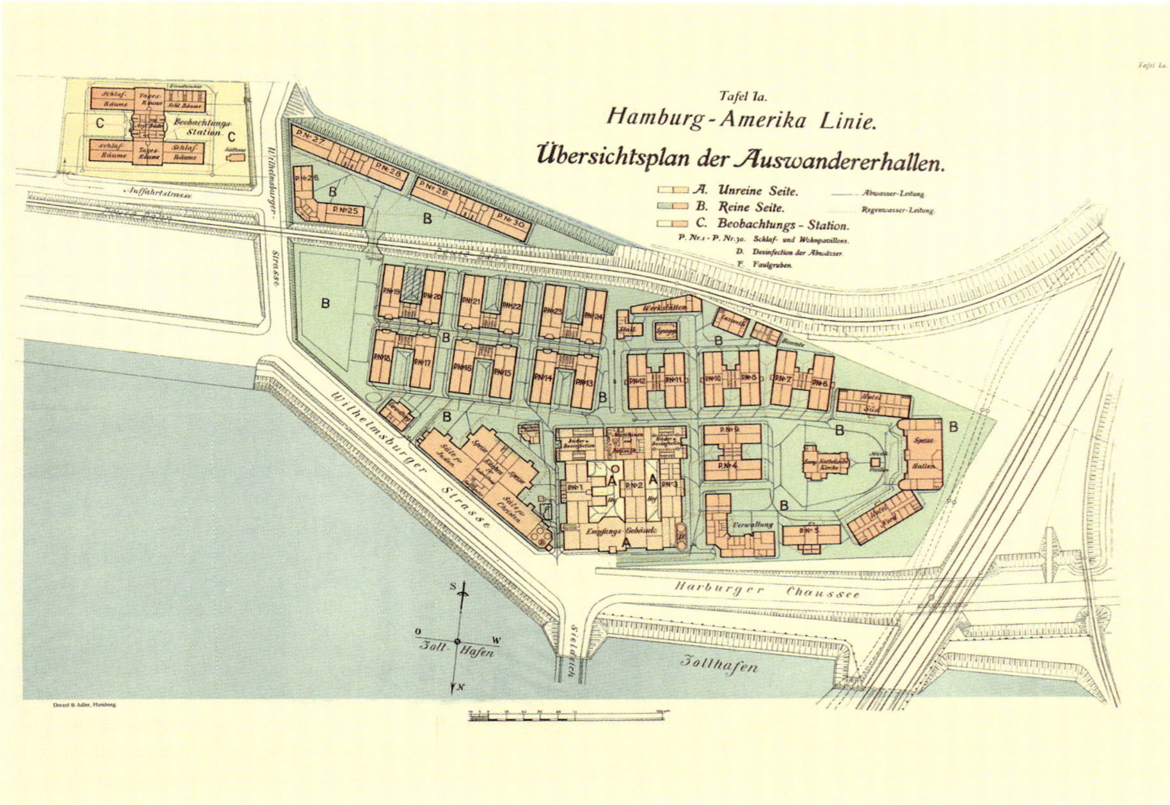

Historischer Übersichtsplan der Auswandererhallen. Gut erkennbar sind die Bahnlinie, die H- und U-förmigen Unterkunftspavillons und die Kirche in der Mitte einer Platzanlage im rechten Bildteil. Links oben, etwas abgetrennt der Quarantänebereich

Bauzeichnungen der neuen U-förmigen Schlafpavillons bei der Erweiterung der Auswandererhallen 1906. Die erhaltenen historischen Baupläne waren Grundlage der sorgfältigen und detailgetreuen Rekonstruktion der drei Schlafpavillons der heutigen *BallinStadt*.

Nächste Doppelseite: Straßenansicht in der „Auswandererstadt"; rechts sind die ab 1906 erbauten neuen Schlafpavillons zu sehen, links der kleine Musikpavillon, auf dem täglich eine Kapelle spielte und in dessen Erdgeschoss sich ein Einkaufsladen befand. Vermutlich entstand das Foto von Johann Hamann kurz nach dem Abschluss der Erweiterungsbauarbeiten 1907.

Ankunft von Emigranten auf dem Bahnhof der Auswandererhallen an der südlichen Grenze Hamburgs.

Straßenszene mit Auswanderern und Polizisten um 1909. Am Schlafpavillon Nr. 7 ist unter „Bekanntmachungen" der Hinweis auf das nächste auslaufende Schiff zu finden (in Deutsch, Polnisch, Ungarisch, Russisch und Hebräisch).

„Wärtergelass“. Die Pavillons waren deutlich großzügiger und geräumiger als die alten Quartiere am Amerikakai. In der Regel wurden nicht mehr als 22 erwachsene Personen in einem Schlafsaal untergebracht, ein Pavillon bestand aus vier Schlafsälen. Die Räume waren vier bis fünf Meter hoch und boten damit auch bei voller Belegung ausreichend Luftraum. Und zur Not konnte durch das Aufeinanderstellen der Betten die Anzahl der Schlafplätze verdoppelt werden. Die Pavillons, die älteren in H-Form, die jüngeren in U-Form angelegt, trennten die Auswanderer nach Geschlecht, Nationalität und Religionszugehörigkeit. Dadurch konnten Ruhe und Ordnung leichter gewährleistet werden. Außerdem war beim Auftreten von ansteckenden Krankheiten eine Isolierung der Infizierten schnell möglich. Gesundheitliche und hygienische Anforderungen hatten bei der Errichtung der gesamten Anlage ohnehin eine wichtige Rolle gespielt. Die in einem eigenen Bahnhof ankommenden Reisenden wurden nach ihrer Registrierung zunächst in der „unreinen Seite“ untergebracht, mussten baden und wurden von Ärzten untersucht; Kleidung und Gepäck wurden desinfiziert, ehe sie in die streng abgetrennte „reine Seite“ zu den Schlafsälen wechseln konnten. Auch während des Aufenthalts in den Pavillons gab es immer wieder medizinische Kontrollen: Jeden Morgen zwischen 10.30 Uhr und 11 Uhr wurden die ärztlichen Visiten durch Trompetensignale angekündigt. Die letzte Untersuchung fand schließlich noch einmal kurz vor der Einschiffung statt.

Für eine kontinuierliche sanitäre Überwachung sorgten vier fest angestellte Ärzte, die ihrerseits von Ärzten der Behörde für das Auswandererwesen beaufsichtigt wurden. Der Betrieb der Desinfektionseinrichtungen – mit neuesten technischen Standards – stand unter der Aufsicht eines „Oberdesinfektors“. Großer Wert wurde auch auf ein modernes und verlässliches Abwasser- und Sielsystem gelegt. Allerdings war bei der Ausstattung der Toiletten gespart worden, „weil die aus zum Teil wenig kultivierten Gegenden (Russland) kommenden Auswanderer mit Wasserklosetts nicht umzugehen verstehen“, wie es in einem Bericht der Auswandererbehörde heißt. Für Personen mit Verdacht auf ansteckende Krankheiten gab es zusätzlich die abgetrennte „Beobachtungsstation“, die mit 320 Betten sehr groß angelegt war.

Die strenge sanitäre und medizinische Aufsicht sollte in erster Linie die Bewohner Hamburgs vor ansteckenden Krankheiten schützen. Die schreckliche Choleraepidemie lag noch nicht lange zurück, und immer noch machte man die russischen Emigranten für das Einschleppen der Seuche verantwortlich. Zum anderen gehörten diese Maßnahmen zum Markenzeichen der Auswandererhallen, waren Bestandteil der Werbestrategie der HAPAG, die Hallen als besonders sauberen, hygienisch einwandfreien, ordentlichen und gut organisierten Ort zu vermarkten. Nicht allen gefiel dies. Der französische

Speisesaal im Hotel Nord, einem von zwei Hotels in der Anlage.

Neben dieser Unterkunft konnten vermögendere Auswanderer auch im Hotel Süd logieren. Sogar ein Spielplatz und Promenadengänge befanden sich hier.

Straßenszene mit einer großen Anzahl von Auswanderern anlässlich eines offiziellen Besuchs der HAPAG-Direktion. Mit Personal, Ärzten und der Musikkapelle.

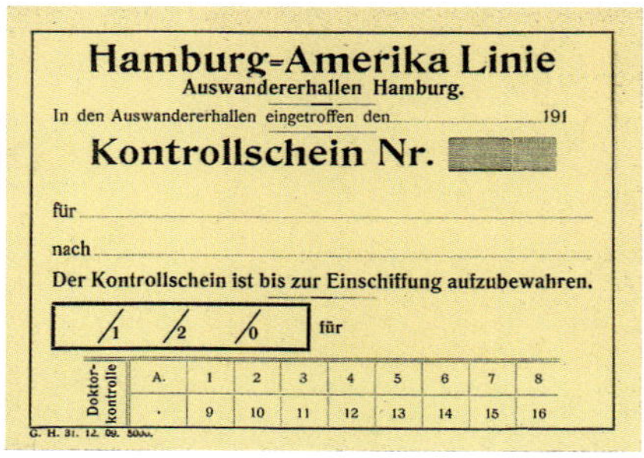

Hamburg-Amerika Linie
Auswandererhallen Hamburg.

In den Auswandererhallen eingetroffen den 191

Kontrollschein Nr.

für ....

nach ....

Der Kontrollschein ist bis zur Einschiffung aufzubewahren.

/1 /2 /0 für

Doktor-kontrolle	A.	1	2	3	4	5	6	7	8
	.	9	10	11	12	13	14	15	16

G. H. 31. 12. 09. 5000.

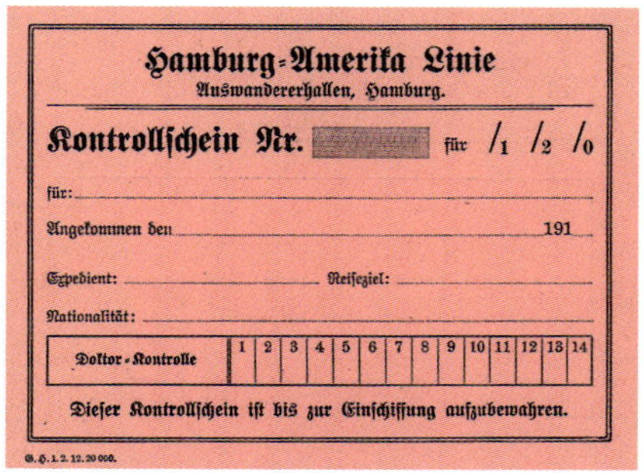

Hamburg-Amerika Linie
Auswandererhallen, Hamburg.

Kontrollschein Nr. .... für /1 /2 /0

für: ....

Angekommen den 191

Expedient: .... Reiseziel: ....

Nationalität: ....

Doktor-Kontrolle	1	2	3	4	5	6	7	8	9	10	11	12	13	14

Dieser Kontrollschein ist bis zur Einschiffung aufzubewahren.

G. H. 1. 2. 12. 20 000.

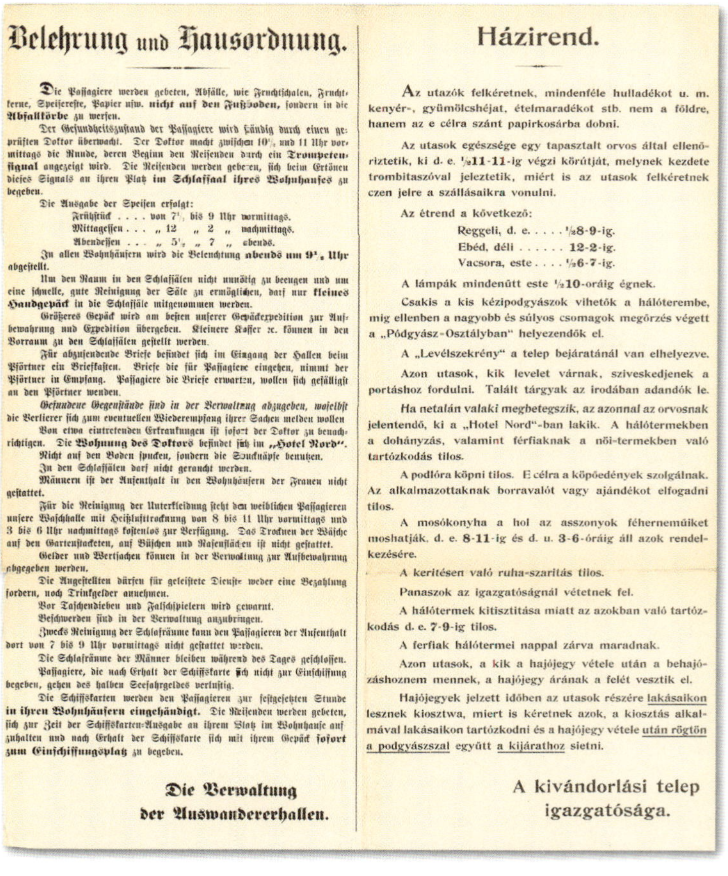

Belehrung und Hausordnung.

Die Passagiere werden gebeten, Abfälle, wie Fruchtschalen, Fruchtkerne, Speisereste, Papier usw. **nicht auf den Fußboden,** sondern in die **Abfallkörbe** zu werfen.

Der Gesundheitszustand der Passagiere wird ständig durch einen geprüften Doktor überwacht. Der Doktor macht zwischen 10½ und 11 Uhr vormittags die Runde, deren Beginn den Reisenden durch ein **Trompetensignal** angezeigt wird. Die Reisenden werden gebeten, sich beim Ertönen dieses Signals an ihren Platz **im Schlafsaal ihres Wohnhauses** zu begeben.

Die Ausgabe der Speisen erfolgt:

Frühstück .... von 7½ bis 9 Uhr vormittags.
Mittagessen ... „ 12 „ 2 „ nachmittags.
Abendessen ... „ 5½ „ 7 „ abends.

In allen Wohnhäusern wird die Beleuchtung **abends um 9½ Uhr** abgestellt.

Um den Raum in den Schlafsälen nicht unnötig zu beengen und um eine schnelle, gute Reinigung der Säle zu ermöglichen, darf nur **kleines Handgepäck** in die Schlafsäle mitgenommen werden.

Größeres Gepäck wird am besten unserer Gepäckexpedition zur Aufbewahrung und Expedition übergeben. Kleinere Koffer ɩc. können in den Vorraum zu den Schlafsälen gestellt werden.

Für abzusendende Briefe befindet sich im Eingang der Hallen beim Pförtner ein Briefkasten. Briefe die für Passagiere eingehen, nimmt der Pförtner in Empfang. Passagiere die Briefe erwarten, wollen sich gefälligst an den Pförtner wenden.

Gefundene Gegenstände sind in der Verwaltung abzugeben, woselbst die Verlierer sich zum eventuellen Wiederempfang ihrer Sachen melden wollen

Von etwa eintretenden Erkrankungen ist sofort der Doktor zu benachrichtigen. Die **Wohnung des Doktors** befindet sich im **„Hotel Nord“.**

Nicht auf den Boden spucken, sondern die Spucknäpfe benutzen.

In den Schlafsälen darf nicht geraucht werden.

Männern ist der Aufenthalt in den Wohnhäusern der Frauen nicht gestattet.

Für die Reinigung der Unterkleidung steht den weiblichen Passagieren unsere Waschhalle mit Heißlufttrocknung von 8 bis 11 Uhr vormittags und 3 bis 6 Uhr nachmittags kostenlos zur Verfügung. Das Trocknen der Wäsche auf den Gartenstacketen, auf Büschen und Rasenflächen ist nicht gestattet.

Gelder und Wertsachen können in der Verwaltung zur Aufbewahrung abgegeben werden.

Die Angestellten dürfen für geleistete Dienste weder eine Bezahlung fordern, noch Trinkgelder annehmen.

Vor Taschendieben und Falschspielern wird gewarnt.

Beschwerden sind in der Verwaltung anzubringen.

Zwecks Reinigung der Schlafräume kann den Passagieren der Aufenthalt dort von 7 bis 9 Uhr vormittags nicht gestattet werden.

Die Schlafräume der Männer bleiben während des Tages geschlossen.

Passagiere, die nach Erhalt der Schiffskarte sich nicht zur Einschiffung begeben, gehen des halben Seefahrgeldes verlustig.

Die Schiffskarten werden den Passagieren zur festgesetzten Stunde **in ihren Wohnhäusern eingehändigt.** Die Reisenden werden gebeten, sich zur Zeit der Schiffskarten-Ausgabe an ihrem Platz im Wohnhause aufzuhalten und nach Erhalt der Schiffskarte sich mit ihrem Gepäck **sofort zum Einschiffungsplatz** zu begeben.

Die Verwaltung der Auswandererhallen.

Házirend.

Az utazók felkéretnek, mindenféle hulladékot u. m. kenyér-, gyümölcshéjat, ételmaradékot stb. nem a földre, hanem az e célra szánt papirkosárba dobni.

Az utasok egészsége egy tapasztalt orvos által ellenőriztetik, ki d. e. ½11-11-ig végzi körútját, melynek kezdete trombitaszóval jeleztetik, miért is az utasok felkéretnek czen jelre a szállásaikra vonulni.

Az étrend a következő:

Reggeli, d. e. .... ½8-9-ig.
Ebéd, déli ...... 12-2-ig.
Vacsora, este .... ½6-7-ig.

A lámpák mindenütt este ½10-oráig égnek.

Csakis a kis kézipodgyászok vihetők a hálóterembe, mig ellenben a nagyobb és súlyos csomagok megőrzés végett a „Pódgyász-Osztályban“ helyezendők el.

A „Levélszekrény“ a telep bejáratánál van elhelyezve.

Azon utasok, kik levelet várnak, sziveskedjenek a portáshoz fordulni. Talált tárgyak az irodában adandók le.

Ha netalán valaki megbetegszik, az azonnal az orvosnak jelentendő, ki a „Hotel Nord“-ban lakik. A hálótermekben a dohányzás, valamint férfiaknak a női-termekben való tartózkodás tilos.

A podlóra köpni tilos. E célra a köpőedények szolgálnak. Az alkalmazottaknak borravalót vagy ajándékot elfogadni tilos.

A mosókonyha a hol az asszonyok fehérneműiket moshatják. d. e. 8-11-ig és d. u. 3-6-óráig áll azok rendelkezésére.

A keritésen való ruha-szaritás tilos.

Panaszok az igazgatóságnál vétetnek fel.

A hálótermek kitisztitása miatt az azokban való tartózkodás d. e. 7-9-ig tilos.

A ferfiak hálótermei nappal zárva maradnak.

Azon utasok, a kik a hajójegy vétele után a behajózáshoznem mennek, a hajójegy árának a felét vesztik el.

Hajójegyek jelzett időben az utasok részére lakásaikon lesznek kiosztwa, miert is kéretnek azok, a kiosztás alkalmával lakásaikon tartózkodni és a hajójegy vétele után rögtön a podgyászszal együtt a kijárathoz sietni.

A kivándorlási telep igazgatósága.

Links oben und unten: Kontrollscheine. Diese wurden bei der Ankunft in den Auswandererhallen ausgehändigt und mussten immer mit sich getragen werden.

Rechts: Hausordnung der Auswandererhallen, in Deutsch und Ungarisch

Blick in den Speisesaal für jüdische Auswanderer. Das koschere Essen wurde in einer eigenen Küche zubereitet.

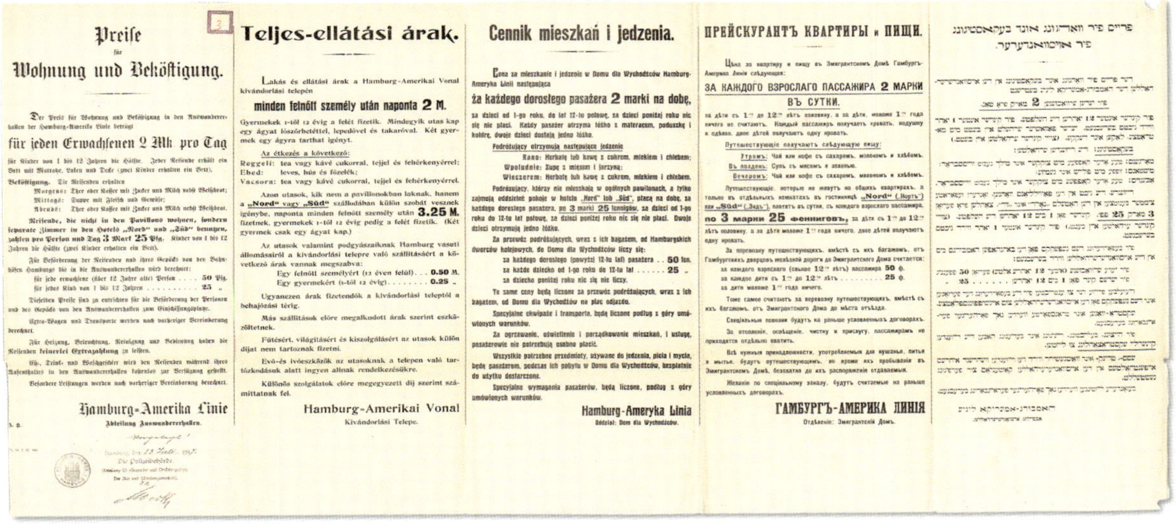

Preise
für
Wohnung und Beköstigung.

Der Preis für Wohnung und Beköstigung in den Auswandererhallen der Hamburg-Amerika Linie beträgt

für jeden Erwachsenen 2 Mk pro Tag

für Kinder von 1 bis 12 Jahren die Hälfte. Jeder Reisende erhält ein Bett mit Matratze, Laken und Decke (zwei Kinder erhalten ein Bett).

Beköstigung. Die Reisenden erhalten
- Morgens: Thee oder Kaffee mit Zucker und Milch nebst Weißbrot;
- Mittags: Suppe mit Fleisch und Gemüse;
- Abends: Thee oder Kaffee mit Zucker und Milch nebst Weißbrot.

Reisende, die nicht in den Pavillons wohnen, sondern separate Zimmer in den Hotels „Nord“ und „Süd“ benutzen, zahlen pro Person und Tag 3 Mark 25 Pfg. Kinder von 1 bis 12 Jahren die Hälfte (zwei Kinder erhalten ein Bett).

Für Beförderung der Reisenden und ihres Gepäcks von den Bahnhöfen Hamburgs bis in die Auswandererhallen wird berechnet:
- für jede erwachsene (über 12 Jahre alte) Person .... 50 Pfg.
- für jedes Kind von 1 bis 12 Jahren .... 25 „

Dieselben Preise sind zu entrichten für die Beförderung der Personen und des Gepäcks von den Auswandererhallen zum Einschiffungsplatze.

Extra-Wagen und Transporte werden nach vorheriger Vereinbarung berechnet.

Für Heizung, Beleuchtung, Reinigung und Bedienung haben die Reisenden **keinerlei Extrazahlung** zu leisten.

Eß-, Trink- und Waschgeschirr wird den Reisenden während ihres Aufenthaltes in den Auswandererhallen kostenlos zur Verfügung gestellt.

Besondere Leistungen werden nach vorheriger Vereinbarung berechnet.

Hamburg-Amerika Linie
Abteilung Auswandererhallen.

Hamburg, den 23. Aug. 1907.
Die Polizeibehörde

Teljes-ellátási árak.

Lakás és ellátási árak a Hamburg-Amerikai Vonal kivándorlási telepén

minden felnőtt személy után naponta 2 M.

Gyermekek 1-től 12 évig a felét fizetik. Mindegyik utas kap egy ágyat lószőrbetéttel, lepedővel és takaróval. Két gyermek egy ágyra tarthat igényt.

Az étkezés a következő:
- Reggeli: tea vagy kávé cukorral, tejjel és fehérkenyérrel;
- Ebed: leves, hús és főzelék;
- Vacsora: tea vagy kávé cukorral, tejjel és fehérkenyérrel.

Azon utasok, kik nem a pavillonokban laknak, hanem a „Nord“ vagy „Süd“ szállodában külön szobát vesznek igénybe, naponta minden felnőtt személy után **3.25 M.** fizetnek, gyermekek 1-től 12 évig pedig a felét fizetik. (Két gyermek csak egy ágyat kap.)

Az utasok valamint podgyászaiknak Hamburg vasuti állomásairól a kivándorlási telepre való szállitásáért a következő árak vannak megszabva:
- Egy felnőtt személyért (12 éven felül) ... 0.50 M.
- Egy gyermekért (1-től 12 évig) .... 0.25 „

Ugyanezen árak fizetendők a kivándorlási teleptől a behajózási térig.

Más szállitások előre megalkudott árak szerint eszközöltetnek.

Fütésért, világitásért és kiszolgálásért az utasok külön dijat nem tartoznak fizetni.

Evő-és ivóeszközök az utasoknak a telepen való tartózkodásuk alatt ingyen allnak rendelkezésükre.

Különös szolgálatok előre megegyezett dij szerint számittatnak fel.

Hamburg-Amerikai Vonal
Kivándorlási Telepe.

Cennik mieszkań i jedzenia.

Cena za mieszkanie i jedzenie w Domu dla Wychodźców Hamburg-Ameryka Linii następująca

za każdego dorosłego pasażera 2 marki na dobę,

za dzieci od 1-go roku, do lat 12-tu połowę, za dzieci poniżej roku nic się nie płaci. Każdy pasażer otrzyma łóżko z materacem, poduszkę i kołdrę, dwoje dzieci dostają jedno łóżko.

Podróżujący otrzymują następujące jedzenie
- Rano: Herbatę lub kawę z cukrem, mlekiem i chlebem;
- Wpołudnie: Zupę z mięsem i jarzyną;
- Wieczorem: Herbatę lub kawę z cukrem, mlekiem i chlebem.

Podróżujący, którzy nie mieszkają w ogólnych pawilonach, a tylko zajmują oddzielne pokoje w hotelu „Nord“ lub „Süd“, płacą na dobę, za każdego dorosłego pasażera, po 3 marki 25 fenigów, za dzieci od 1-go roku do 12-tu lat połowę, za dzieci poniżej roku nic się nie płaci. Dwoje dzieci otrzymują jedno łóżko.

Za przewóz podróżujących, wraz z ich bagażem, od Hamburgskich dworców kolejowych, do Domu dla Wychodźców liczy się:
- za każdego dorosłego (powyżej 12-tu lat) pasażera .. 50 fen.
- za każde dziecko od 1-go roku do 12-tu lat ...... 25 „
- za dziecko poniżej roku nic się nie liczy.

Te same ceny będą liczone za przewóz podróżujących, wraz z ich bagażem, od Domu dla Wychodźców na plac odjazdu.

Specyjalne ekwipaże i transporta, będą liczone podług z góry umówionych warunków.

Za ogrzewanie, oświetlenie i porządkowanie mieszkań, i usługę, pasażerowie nie potrzebują osobno płacić.

Wszystkie potrzebne przedmioty, używane do jedzenia, picia i mycia, będą pasażerom, podczas ich pobytu w Domu dla Wychodźców, bezpłatnie do użytku dostarczone.

Specyjalne wymagania pasażerów, będą liczone, podług z góry umówionych warunków.

Hamburg-Ameryka Linia
Oddział: Dom dla Wychodźców.

ПРЕЙСКУРАНТЪ КВАРТИРЫ и ПИЩИ.

Цѣна за квартиру и пищу въ Эмигрантскомъ Домѣ Гамбургъ-Америка Линіи слѣдующая:

ЗА КАЖДОГО ВЗРОСЛАГО ПАССАЖИРА 2 МАРКИ ВЪ СУТКИ.

за дѣти съ 1-го до 12-ти лѣтъ половину, а за дѣти, моложе 1-го года ничего не считаютъ. Каждый пассажиръ получаетъ кровать, подушку и одѣяло, двое дѣтей получаютъ одну кровать.

Путешествующіе получаютъ слѣдующую пищу:
- Утромъ: Чай или кофе съ сахаромъ, молокомъ и хлѣбомъ.
- Въ полдень: Супъ съ мясомъ и зеленью.
- Вечеромъ: Чай или кофе съ сахаромъ, молокомъ и хлѣбомъ.

Путешествующіе, которые не живутъ на общихъ квартирахъ, а только въ отдѣльныхъ комнатахъ въ гостиницѣ „Nord“ („Нортъ“) или „Süd“ („Зюдъ“), платятъ въ сутки, съ каждаго взрослаго пассажира, **по 3 марки 25 фениговъ,** за дѣти съ 1-го до 12-ти лѣтъ половину, а за дѣти моложе 1-го года ничего, двое дѣтей получаютъ одну кровать.

За перевозку путешествующихъ, вмѣстѣ съ ихъ багажомъ, отъ Гамбургскихъ дворцовъ желѣзной дороги до Эмигрантскаго Дома считается:
- за каждаго взрослаго (свыше 12-ти лѣтъ) пассажира 50 ф.
- за каждое дитя съ 1-го до 12-ти лѣтъ .... 25 ф.
- за дитя моложе 1-го года ничего.

Тоже самое считаютъ за перевозку путешествующихъ, вмѣстѣ съ ихъ багажомъ, отъ Эмигрантскаго Дома до мѣста отъѣзда.

Специальныя повозки будутъ на раньше условленныхъ договорахъ.

За отопленіе, освѣщеніе, чистку и прислугу, пассажирамъ не приходится отдѣльно платить.

Всѣ нужныя принадлежности, употребляемыя для кушанья, питья и мытья, будутъ путешествующимъ, во время ихъ пребыванія въ Эмигрантскомъ Домѣ, безплатно до ихъ распоряженія отдаваемыя.

Желанія по специальному заказу, будутъ считаемые на раньше условленныхъ договорахъ.

ГАМБУРГЪ-АМЕРИКА ЛИНІЯ
Отдѣленіе: Эмигрантскій Домъ.

Preisliste für Unterkunft und Essen in den Hallen, in Deutsch, Ungarisch, Polnisch, Russisch und Hebräisch

Nächste Doppelseite: Untersuchung in der großen Empfangshalle: Rechts unten ist ein Arzt bei der obligatorischen und für die Genehmigung zur Weiterreise oft entscheidenden Augenuntersuchung zu erkennen, darüber vornehm gekleidete Frauen im Gespräch mit einem HAPAG-Angestellten. Weit weniger vornehm gekleidet ist die Mehrzahl der anderen Wartenden. An der Kleidung und den Kopfbedeckungen ist die Vielzahl der unterschiedlichen Herkunftsländer ablesbar. Über allem prangt das Firmenmotto der Reederei: „Mein Feld ist die Welt“.

Mein Feld ist die Welt.

Speisesaal.
Sala jadalna.
Etterem.
Столовый залъ.

Blick in die neue Küche der Auswandererstadt, in der bis zu 5000 Menschen pro Tag verpflegt und pro Stunde 3000 Portionen ausgeteilt werden konnten.

Der moderne Maschinensaal, der mit seinen Dampfmaschinen die Elektrizitätsversorgung der Hallen sicherstellte.

Schriftsteller Jules Huret kommentierte 1908 nach einem Besuch: „Alle diese Pflege und Vorsichtsmaßnahmen verleihen diesen Hundertschaften von Männern, Frauen und Kindern buchstäblich das Aussehen einer Herde, die man überwacht und die man pflegt." Viele Emigranten fühlten sich gegängelt und kaserniert. Das galt besonders für die russischen Auswanderer. Sie waren gezwungen, sich ausschließlich in den Auswandererhallen aufzuhalten, und durften bis 1908 das Gelände nicht verlassen.
Für Transitreisende aus anderen Ländern bestand in der Regel kein Unterbringungszwang in den Auswandererhallen, aber aufgrund der guten und auch recht preiswerten Beherbergung wurden die Hallen schnell bekannt und der Zuspruch war groß. Vermögende Reisende konnten sich zudem in Vierbettzimmern in einem der beiden Hotels der Auswandererstadt, dem Hotel Süd oder dem Hotel Nord, einquartieren. In deren Nähe befand sich sogar ein Spielplatz. Für die Herbergsbesitzer Hamburgs stellten die Hallen eine große Konkurrenz dar, und dies führte zu ständigen Klagen der Wirte. Die Zahl der privaten Unterkünfte für Auswanderer sank kontinuierlich, von 56 im Jahr 1886 bis auf acht im Jahr 1913.
Für Christen und Juden waren getrennte Speisesäle eingerichtet worden, in denen bis zu 3000 Personen in einer Stunde beköstigt werden konnten. Gekocht wurde in zwei Küchen, in der Küche für jüdische Auswanderer „nach streng jüdischem Ritus, unter Aufsicht eines vom Oberrabbiner angestellten Beschauers", wie sich der Hamburger Correspondent voller Bewunderung in einem Bericht zur Eröffnung 1901 äußerte. Die koschere Küche war ein nicht unwichtiger Faktor zur Steigerung der Attraktivität der Auswandererhallen.
Das Essen war reichhaltig und im Preis für die Unterbringung und Verpflegung von zwei Mark pro Tag waren drei Mahlzeiten inbegriffen.
Die Energieversorgung war für damalige Verhältnisse sehr modern: Mit einem eigenen Dampfkraftwerk wurde die gesamte Anlage geheizt und elektrisch beleuchtet. Auch die Küchen wurden mit Dampf betrieben, ebenso die Desinfektionsgeräte.
Im Zentrum des Geländes befanden sich eine große Kirche mit einem größeren katholischen und einem kleineren evangelischen Kirchenraum sowie eine Synagoge. Neben der imposanten Empfangshalle war ein Musikpavillon gebaut worden, in dem regelmäßig und zu den Abreisen eine Kapelle spielte. Außerdem befand sich in diesem Gebäude noch ein Verkaufsladen, in dem sich die Auswanderer mit diversen Reiseutensilien eindecken konnten. Das Treiben auf den Straßen der Auswandererstadt beschreibt Norbert Jacques: „In der Hauptstraße streiften slawische Männer in Stiefeln und bunten Mützen, kleine eckig gerundete Frauen in Röcken, die vor Farbenfreude schrien, in Scharen umher. Sie kümmerten sich aufgeregt um die Auslagen der kleinen Läden mit Kleidern, Hüten, Musikinstrumenten, Koffern, Branntweinflaschen, billigem Schmuck. Die Kauflust glänzt auf den Gesichtern. Die Inschriften sind in vielen östlichen Sprachen gehalten, mit fremden Zeichen gemalt."
Zur Anlage gehörten neben diversen Wirtschaftsgebäuden noch ein Wechselbüro und eine „Barbierstube", und in der Empfangshalle befand sich ein Briefkasten. Ferner gab es die Büroräume für die Angestellten der HAPAG. Insgesamt 150 Menschen waren unter der Leitung von zwei Verwaltern in der Auswandererstadt beschäftigt – Beamte, Stewards, Handwerker, Köche und weiteres Personal. Laut Werbebroschüre gab es „sprachkundige Beamte". In der Polizeistation verrichteten vier Polizisten ihren Dienst. Hamburg und die HAPAG waren durchaus stolz auf die Auswandererhallen als Modellstadt, „hatte doch die Einrichtung mit der Art ihrer Menschlichkeit und ihrer Fürsorge für das wandernde Elend den einzig richtigen Ausdruck verliehen", hieß es in einem offiziellen Bericht der Auswanderungsbehörde. Im Hamburger Correspondent wurden

1911 in einem Artikel unter dem Titel „Im Auswandererreich“ die Hallen auf der Veddel beschrieben als „ausgerüstet mit den besten und fast raffiniertesten Einrichtungen der Neuzeit, die noch besonders unterstrichen werden durch außergewöhnliche gesundheitliche Schutzmaßnahmen.“ Der Reichskommissar für das Auswandererwesen bezeichnete sie als „Musteranstalten ersten Ranges“.

Die HAPAG war sich bewusst, dass die Drei-Millionen-Mark-Investition internationales Aufsehen erregen und sich letztlich rentieren würde. Sie förderte die Werbewirksamkeit schon vor der Eröffnung durch die Beteiligung an der Weltausstellung 1900 in Paris mit einem detailgetreuen Modell der Anlage. Zusätzlich erschien eine ausführliche Werbebroschüre, die die Vorzüge der Anlage darstellte und sie als „größtes Gasthaus der Welt“ pries. Bei der Weltausstellung der Vereinigten Staaten in St. Louis 1904 waren die Auswandererhallen erneut mit einem Modell vertreten und wurden mit der Goldenen Medaille ausgezeichnet. Als vorbildliche hygienische Einrichtung wurden die Hallen schließlich bei der Internationalen Hygieneausstellung in Dresden 1911 gewürdigt.

All dies trug zum Erfolg der Auswandererhallen bei, sodass die Zahl der Unterzubringenden ständig wuchs und 1913 mit über 170.000 eine neue Rekordmarke erreichte. Eine weitere Ausdehnung der Hallen wurde geplant. Der Ausbruch des Ersten Weltkriegs 1914 verhinderte dies.

Hamburg war berühmt für die Auswandererhallen, die heimische Bevölkerung aber bekam wenig von den Menschenmassen mit, die sich auf dem Weg in eine ungewisse Zukunft am Rande der Stadt aufhielten, „ohne die Stadt zu berühren“, wie immer wieder betont wurde. Neben der vielleicht übertriebenen, aber nach der Cholerakatastrophe nachvollziehbaren Sorge vor möglichen Epidemien, war man wohl auch froh, nicht allzu viel vom fremden „unästhetischen“ Aussehen der „Halbasiaten“ mitzubekommen. Mit dieser Wortwahl gab ein Artikel des Hamburger Fremdenblatts 1909 die Stimmung der Einwohner der Veddel gegenüber den Auswanderern wieder. Der Verfasser endete mit der Bemerkung „die Veddel den Veddelern“.

So war Hamburgs Verhältnis zu den Emigranten durchaus ambivalent. Man hielt sich die – verglichen mit den vorangegangenen Zeiten – durchaus humanitäre und faire Abwicklung des Auswanderergeschäfts zugute. Dafür mussten von den Transitreisenden Einschränkungen und eine mitunter herablassende Behandlung durch die Beamten und Angestellten in den Hallen in Kauf genommen werden. Für die Menschen bedeutete der Aufenthalt in der HAPAG-Anlage eine Mischung aus Betreuung und Wohlfahrt, Ausgrenzung, Kasernierung und Bevormundung. Andererseits waren die Auswanderer eine besondere Fracht und eine gute Behandlung war auch für das Geschäft von Vorteil. Denn schon damals war klar, dass zufriedene Kunden die beste Werbung darstellen. Und das war nicht nur für die HAPAG und die unmittelbar davon Profitierenden wichtig, sondern auch für die gesamte Stadt, da die Entwicklung der Schifffahrt und des Hafens ebenfalls von den Auswanderergeschäften abhängig war.

Die Menschen, um die es ging, hatten andere Sorgen und Ängste, die der Journalist Norbert Jacques nicht ohne Pathos beschreibt: „Fünftausend Menschen an einem Tag und zwei Millionen durch das ganze Jahr streichen hier so hin und her, jeder einzelne eingeschlossen in den kleinen Kreis seiner zitternden Wünsche, alle zusammen eine Masse von Völkerwanderung, Rastlosigkeit, Enttäuschung, Hoffnung.“

Abmarsch zu den Schiffen mit Musikbegleitung. Oft mussten die Auswanderer einige Kilometer zu Fuß zu ihren Zubringerschiffen zurücklegen.

Auf Tendern, kleineren Booten, werden die Passagiere zu den Dampfern gebracht, die oft weit außerhalb des Hafens in der Elbe auf Reede liegen.

Nächste Doppelseite: Dicht gedrängt stehen die Auswanderer auf den Zubringerbooten. Sie werden durch den Hafen zu den Überseedampfern gebracht, die sie in die Neue Welt fahren sollen.

Von der Veddel in die Welt

Ursula Wöst

So unterschiedlich wie die Menschen, die ihr Weg über Hamburg führte, so unterschiedlich waren auch die Erlebnisse und Erfahrungen der Emigranten in den Auswandererhallen.

Es war nicht ein Heim, es war ein großes Dorf, wohin die Leute aus aller Welt kamen; und sie versorgten uns mit Unterkunft und Essen und Bad und allem ... Es gefiel uns dort sehr gut. Es war wunderschön. Uns beiden ging es gut. Sie waren so freundlich zu uns. (Aus: Brownstone, Franck, Brownstone: Island of Hope / Island of Tears, New York, 1979)

Mit diesen Worten beschreibt 1922 eine 22-jährige jüdische Emigrantin aus Kiew unter dem Pseudonym Sarah Asher die Auswandererhallen. Für sie und ihren Bruder bedeutete der mehrwöchige Aufenthalt in den Hamburger Auswandererhallen eine Atempause zwischen einer langen Odyssee, die bereits hinter ihnen lag, und dem neuen Leben, das vor ihnen lag.

Zwei Jahre hatte es gedauert, den in die USA ausgewanderten Bruder ausfindig zu machen und die notwendigen Papiere wie Reisepässe, Visa und Tickets zu beschaffen. Die USA hatten 1921 eine Quotenregelung eingeführt, die 1924 noch verschärft wurde und nur noch eine geringe Anzahl osteuropäischer Einwanderer zuließ. Aufgrund der Quotenregelung von 1921 musste auch Sarah Asher monatelang auf ihre Reiseerlaubnis warten.

Letztlich war alles geregelt, und der Bruder aus Amerika hatte „prepaids" – von ihm bezahlte Fahrscheine für die Überfahrt – nach Hamburg geschickt. So machten sich Sarah und der zweite Bruder auf den Weg in die Hafenstadt, mit 16 Dollar Reisegeld! In den Hamburger Auswandererhallen fühlten sie sich sicher und geborgen. Sie genossen Unterkunft, koschere Verpflegung, Hilfestellung bei der Erledigung von Formalitäten und konnten die Synagoge der Auswandererhallen besuchen. Wie für viele andere mittellose Juden übernahm die HIAS (Hebrew Immigrant Aid Society) die Kosten für den Aufenthalt in Hamburg. Außerdem sprach Sarah sehr gut deutsch und hatte keine Probleme, sich mit den Angestellten zu verständigen. Sie behielt die Auswandererhallen in guter Erinnerung.

Nicht alle Auswanderer fühlten sich so gut behandelt. Davon zeugen vor allem die Berichte des in den Auswandererhallen untergebrachten Polizeibüros. So notierte Polizeikommissar Kiliszewski zum Beispiel am 13. Mai 1906:

Heute Mittag, als ich einen Verein jüdischer Damen in den Auswandererhallen herumführte, hatten sich die russischen Juden auf dem Hof der Hallen versammelt, um, wie sie äußerten, zu demonstrieren. Sie zogen unter Führung eines der englischen Sprache mächtigen Russen auf dem Hofe umher und sangen revolutionäre Lieder. Der die Massen anführende Russe ist dann in mein Bureau gekommen und hat mir erklärt, dass sie alle freie Männer sind und dass sie verlangen, zur Stadt rausgehen zu dürfen. Der Mann redete eine Weile und wurde immer dreister. Ich habe ihm kurz geantwortet, dass an ein Verlassen der Hallen nicht zu denken ist, als er aber aufdringlich wurde, packte ich ihn beim Kragen und expedierte ihn zur Tür heraus, wobei ich sagte: „So jetzt sind Sie draußen." Der Mann tobte dann auf dem Hofe umher.

Gerade das Verbot, das Gelände zu verlassen, gab immer wieder Anlass zu Ärger und Aufruhr. Dieses Verbot bestand für russische Auswanderer bis 1908 und für Emigranten aus anderen Staaten, wenn eine Seuchengefahr drohte. Die Betroffenen fühlten sich eingesperrt und ihrer Freiheit beraubt. Dies wurde vor allem dann zum Problem, wenn die in Hamburg zu verbringende Zeit lang

Luftaufnahme der Auswandererhallen auf der Veddel aus den 1920er-Jahren. Auf der linken Seite liegt der Müggenburger Zollhafen. Gut zu erkennen ist die Bahnlinie der Peute-Bahn. Die Gebäude rechts der Bahnlinie am oberen Bildrand sind die Quarantäne-Baracken und direkt am Bahngleis ist der Bahnhof zu erkennen.

wurde, weil Krankheiten, Verzögerungen im Fahrplan, Überbuchungen oder Probleme mit den notwendigen Dokumenten die Weiterreise behinderten. Doch in diesem Punkt zeigte sich die Verwaltung der Auswandererhallen unnachgiebig.

Die vielen ärztlichen Untersuchungen stellten für die Transitreisenden eine sich wiederholende Schikane dar. Kaum ein Brief, kaum eine Erinnerung, die nicht davon zeugt, wie groß die Angst davor war. Auch wenn sie die Untersuchungen vor der Abreise und an den Kontrollstationen bereits überstanden hatten, wurden die Ankömmlinge in Hamburg erneut untersucht. Häufig mussten sie duschen oder baden und ihr Hab und Gut desinfizieren lassen. Was in den offiziellen Veröffentlichungen als fortschrittlich und modern gepriesen wurde, weckte bei den Auswanderern Angst und Ablehnung. Oft wussten sie allein wegen der mangelnden Verständigungsmöglichkeiten nicht recht, was mit ihnen geschah.

Georg Halpern, „Nationalökonom“ aus München und Mitglied des „Zionisten-Vereins“, besuchte im Frühjahr 1904 die Auswandererhallen und verfasste anschließend einen polemischen Artikel mit dem Titel „Bade bei Ballin!“, der am 14. Oktober 1904 im Hamburger Echo abgedruckt wurde. Er prangert die hygienischen Maßnahmen an den Grenzstationen und in Hamburg aufs Schärfste an und kommt zu dem Schluss:

Auswanderer aus Osteuropa in den Auswandererhallen im Jahr 1909, fotografiert von Johann Hamann. Frauen trugen häufig viele Schichten Kleider und Tücher übereinander – die sicherste Art des Transports. Kinder über 12 Jahre galten als Erwachsene.

„Der Herr beschütze Dich vor dem Bad!" Das ist der letzte Glückwunsch, der dem jüdischen Auswanderer aus Russland auf den Weg gegeben zu werden pflegt, und gemeint ist damit: Der Herr behüte Dich vor Ballin und seinen „hygienischen" Kontrollstationen.

Die Mehrzahl der Auswanderer nahm diese Maßnahmen aber wohl eher als notwendiges Übel hin.

Der häufigste Grund für einen Ausschluss von der Weiterreise war die gefürchtete und sehr ansteckende Augenkrankheit Trachoma. Da sie um die Jahrhundertwende sehr stark verbreitet war, wurden an allen Kontrollpunkten die Augen untersucht. Bei Verdacht auf Trachoma wurde die betroffene Person zurückgewiesen, egal ob alt oder jung, ob allein oder mit der Familie, ob Mann oder Frau. In welch verzweifelte Situation die Betroffenen gerieten, schildert Sonya Kevar, die 1911 als 13-Jährige mit ihrer Familie aus Russland auswanderte:

Der Doktor ... fand heraus, dass einer meiner Brüder und ich etwas mit unseren Augen hätten. Unsere Augen wurden rosa und rötlich, und er sagte, dass dies nicht gut sei. Die anderen beiden Kinder waren gesund. Nach einer Weile sagte meine Mutter aufgebracht: „Gut, ich gehe trotzdem. Wenn sie euch zurückschicken wollen, gehe ich mit den beiden Kindern nach Amerika und ihr geht zurück zu euren Großeltern." Aber sie lie-

Johann Hamanns Fotografien von 1909 sind alle sorgfältig arrangiert. So auch die Dreiergruppe von Männern aus der Ukraine, die betont gemütlich ihre Pfeifen rauchen. Rechts: junge Mutter mit Kind

Augenuntersuchung in der Empfangshalle. Bestand der Verdacht auf die weitverbreitete Augenkrankheit „Trachoma“, wurde der Betroffene von der Weiterreise ausgeschlossen.

Schlafsaal in den Auswandererhallen. Diese Aufnahme diente als Vorlage für die Rekonstruktion eines Teils des Schlafsaals in der „*BallinStadt* – Auswandererwelt Hamburg“.

ßen uns passieren. Unseren Augen fehlte nichts. (Aus: Peter Morton Coan: Ellis Island Interviews, 1997).

Die Angst, von der Weiterreise ausgeschlossen und zurückgeschickt zu werden, war groß. Die Zahl der in Hamburg abgewiesenen Passagiere betrug Anfang des 20. Jahrhunderts zwischen ein und drei Prozent aller Auswanderer, die meisten von ihnen – in der Regel über 90 Prozent – wurden wegen Trachoma abgelehnt.
Praktische Fragen bestimmten den Alltag der Menschen in den Auswandererhallen: Es galt noch fehlende Papiere zu beschaffen und die für die Überfahrt notwendigen Reiseutensilien zu besorgen. In den Auswandererhallen gab es hierfür einen kleinen Laden, in dem man laut Auswandererbehörde die „hauptsächlichsten Bedarfsmittel zu Einkaufspreisen" erwerben konnte. Dabei handelte es sich vor allem um Kleidung, haltbare Lebensmittel, Seife, Zahnbürsten und diverse Mittel gegen Seekrankheit. Mit ihrem Geld gingen die Auswanderer sehr sparsam um. Das wenige Ersparte wurde gehütet, in einem Beutel ständig am Körper getragen.
Organisatorische und moralische Unterstützung erhielten die Auswanderer von religiösen Hilfsorganisationen. Diese konnten um die Jahrhundertwende bereits auf langjährige Erfahrung zurückgreifen:
Der „St. Raphaelsverein zum Schutze katholischer Auswanderer" war 1872 gegründet worden, ein Jahr später die „Evangelisch-Lutherische Auswanderermission" und 1881 die „Auswandererfürsorge der Inneren Mission". Zunächst konzentrierten sich diese Organisationen auf seelsorgerische Aufgaben. Sie halfen den Menschen, Unsicherheit und Ängste abzubauen. An diesem Wendepunkt ihres Lebens waren die Auswanderer sehr empfänglich für religiösen Zuspruch, die Abschiedsgottesdienste wurden gut besucht. Selbstverständlich sollten die Auswanderer auch in ihrem Glauben bestärkt werden, damit sie der Kirche nicht verloren gingen.
Nach und nach weitete sich die Unterstützung auf praktische Hilfe aus, da die Geistlichen häufig die einzigen Ansprechpartner für die Auswanderer waren. Sie holten Ankömmlinge am Bahnhof ab und brachten sie zu den Auswandererhallen oder anderen Unterkünften. Sie halfen bei Gepäckangelegenheiten, Besorgungen, Geldgeschäften und Problemen mit Reisepapieren und Behörden. Darüber hinaus vermittelten sie Adressen von Kontaktpersonen und ersten Anlaufstellen in Amerika. Dies war für viele Auswanderer von großer Bedeutung, da sie ansonsten in New York oder anderen Hafenstädten buchstäblich vor dem Nichts gestanden hätten und ein leichtes Opfer für Betrüger gewesen wären.
Obwohl die Organisationen zum Teil eigene Unterkünfte für Auswanderer in Hamburg unterhielten, waren ihre Mitarbeiter auch regelmäßig auf der Veddel, um den Menschen dort mit seelischem Beistand, Rat und Tat zu helfen. Ihre Arbeit wurde seitens der

Musikpavillon mit Kantine. Unter dem Dach stand häufig die Musikkapelle bei ihren regelmäßigen Konzerten. Im Erdgeschoss befand sich ein Geschäft für Reisebedarf.

Verabschiedung jüdischer Emigranten: 1906 waren drei Viertel der in den Auswandererhallen untergebrachten Menschen jüdischen Glaubens.

Die Synagoge gehörte zur Anlage der Auswandererhallen ebenso wie koscheres Essen. Indem Albert Ballin auf die Bedürfnisse der vielen jüdischen Emigranten Rücksicht nahm, sicherte er Hamburg und der HAPAG einen Standortvorteil gegenüber anderen Auswandererhäfen, in denen es keine vergleichbare Einrichtung gab.

Behörden und der HAPAG, die sie auch finanziell geringfügig unterstützte, sehr geschätzt.
Der größte Teil der in den Auswandererhallen untergebrachten Menschen war katholischen Glaubens. Doch infolge der Pogrome gegen Juden in Osteuropa stieg die Zahl jüdischer Emigranten in den Auswandererhallen. Im Jahr 1906 waren 43 Prozent der dort untergebrachten Menschen jüdischen, 55 Prozent katholischen und zwei Prozent evangelischen Glaubens. Bereits 1881, als der jüdische Massenexodus aus Osteuropa begann, wurden jüdische Hilfsvereine gegründet. Die regionalen Hilfskomitees, mit dem Dachverband „Deutsches Central-Komitee für die russischen Juden", unterstützten ausschließlich „hilfsbedürftige, zur Auswanderung gedrängte russische Juden, welche geeignet sind, sich im Auslande eine neue Existenz zu schaffen". Im Unterschied zu den christlichen Hilfsorganisationen übernahm das „Central-Komitee" die Reisekosten für mittellose jüdische Flüchtlinge aus Russland. Juden aus anderen Ländern wurden vom „Israelitischen Unterstützungsverein" betreut, der 1884 auf Initiative des Hamburgers Daniel Wormser gegründet worden war. Der Verein kümmerte sich um Unterkunft und Verpflegung für mittellose Auswanderer bis zur Einschiffung und gewährte Reisezuschüsse. Auch der „Hilfsverein der Deutschen Juden" bot Unterstützung. Finanziert wurden diese Hilfsleistungen vor allem durch Spenden. Nur dank dieser Zuwendungen konnten die Menschen, die gezwungen waren ihre Heimat zu verlassen, überhaupt auswandern.
Der Tagesablauf in den Auswandererhallen war streng reglementiert. Tagsüber, nach den ärztlichen Kontrollen, hatten die Auswanderer ihre Schlafräume zu verlassen, damit diese gereinigt werden konnten. Sie mussten die Zeit in den Tagesräumen der Pavillons oder im Freien verbringen.
Die Journalistin Frieda Rabel beschreibt 1906 im Hamburger Correspondent folgendes Stimmungsbild:

Jeder Schlafsaal enthält 22 Betten, aber in jedem Hause ist neben den verschiedenen Schlafsälen ein Tagesraum. Dort saßen bei meinem Besuch die russischen Auswanderer in kleinen Gruppen beisammen. Etliche Männer spielten Karten, andere lasen, wieder andere starrten, die Pfeife im Munde, aus dem Fenster hinaus ... Ein viel bewegteres Bild bot die Frauenabteilung. Schon die bunte Kleidung steht in lebhaftem Gegensatz zu dem einförmigen Schwarz des langen Kaftan. Aber nicht die Kinder, die sich nach Kinderart zu gemeinsamem Spiel zusammengetan hatten, gaben diesem Raum die bunte Beweglichkeit, sondern das Lachen und Schwatzen der Frauen.

Trotz des strengen Reglements hatte der Alltag in den Auswandererhallen den Hauch eines kleinstädtischen Lebens: Mehrmals wöchentlich fanden Gottesdienste und Andachten in der Kirche und der Synagoge statt. Man traf sich auf dem Platz vor der

Empfehlungskarte für das „Leo House" in New York, eine erste Anlaufstation für Neuankömmlinge

Der Messrucksack begleitete die katholischen Pfarrer auf ihrer Schiffsreise. Die Betreuung der Auswanderer umfasste manchmal auch die Überfahrt, auf der sicher häufig für eine heile Ankunft gebetet wurde. Anschließend kehrten die Geistlichen wieder zurück.

Nächste Doppelseite: Formalitäten, Registrierung und Kontrolle prägten die Abwicklung des „Auswanderergeschäfts". Diese Menschen warten wohl auf die Eintragung in die Passagierlisten und halten ihre Passagescheine bereit.

Kirche, tauschte Erfahrungen, Erwartungen und Neuigkeiten aus. Täglich spielte eine Musikkapelle.

Was die Menschen während ihres Aufenthaltes in den Auswandererhallen vordringlich beschäftigte, waren sicherlich vor allem die vielen praktischen Probleme der Reise. Doch war die Zeit in Hamburg auch eine Pause, gewollt oder nicht gewollt, die Auswandererhallen ein Ort am Schnittpunkt zwischen Vergangenheit und Zukunft, zwischen Abschied und Neubeginn. In Hamburg trafen Menschen aus ganz Europa zusammen, aus unterschiedlichsten sozialen und wirtschaftlichen Verhältnissen, Kulturen und Religionen. So vielfältig wie die Menschen waren die Gründe für ihre Auswanderung. Viele hatten nicht freiwillig ihre Heimat verlassen. Zurück blieben Verwandte und Freunde. Diejenigen, die gegangen waren, hatten oft Heimweh oder ein schlechtes Gewissen gegenüber denjenigen, die sie zurückgelassen hatten. Doch eines war ihnen gemein: Hoffnung. Hoffnung, von hier in ein neues Leben zu starten. Hoffnung, dass die Zukunft besser werden würde als die Vergangenheit. Hoffnung, das eigene Glück zu finden.

Wenn der Tag der Abreise kam, mischten sich Freude und Angst. Die Unwägbarkeiten der Überfahrt waren groß: Würde das Schiff rechtzeitig kommen? Würde der gebuchte Platz auch wirklich frei sein? Wo war das Gepäck? Würde es an Bord ausreichend zu essen und trinken geben? Würde man sehr unter Seekrankheit leiden? Würden die Reisenden und das Schiff Sturm und hohe Wellen heil überstehen?

Von der Veddel wurden die Auswanderer zu ihrem Schiff gebracht. Je nachdem, wo dieses lag, ging es zu Fuß zum nahe gelegenen Hansahafen oder – ebenfalls oft zu Fuß, das Gepäck auf Wagen verladen – zu den etwa fünf Kilometer entfernten Passagierhallen der HAPAG am Großen Grasbrook. Dort gab es Wartesäle, getrennt für Kajüt- und Zwischendeckpassagiere, einen Gepäckschuppen sowie eine Desinfektionsanstalt. Tender brachten die Passagiere vom Grasbrook zu den Liegeplätzen der Dampfer, die aufgrund ihres Tiefgangs nicht in den Hafen fahren konnten. Diese lagen meist vor Brunshausen bei Stade, später vor allem in Cuxhaven. Dort war 1896 ein neuer Seehafen fertiggestellt worden. Die immer größer werdenden Dampfer mieden zunehmend den zeitaufwendigen Weg elbaufwärts, und die Einschiffung erfolgte zum größten Teil in Cuxhaven. Die Passagiere wurden mit der Bahn oder mit kleineren Schiffen dorthin gebracht. Auch in Cuxhaven hatte die HAPAG eigene Passagierhallen errichtet, die noch heute zu besichtigen sind.

Verglichen mit der Überfahrt auf Segelschiffen war die Reise auf den Auswandererdampfern um die Jahrhundertwende deutlich kürzer, weniger gefährlich und nicht so strapaziös. Von Komfort konnte aber für die Reisenden auch im Zwischendeck eines Dampfschiffes kaum die Rede sein.

Im Hamburger Auswanderergesetz von 1887 wurden Mindestanforderungen an die Einrichtungen des Zwischendecks vorgeschrieben: Jeder Auswanderer hatte Anspruch auf eine Fläche von zwölf Quadratfuß, also 1,88 x 0,63 Meter, ein kurzes schmales Bett. Nur indem man immer zwei Kojen übereinanderstellte, gab es auch entsprechenden freien Bodenraum im Zwischendeck, das nicht nur als Schlafraum diente, sondern auch als Aufenthaltsort. Kinder bis zwölf Jahre mussten sich eine Koje teilen, Säuglinge hatten keinen eigenen Platz. Erstmals wurde gesetzlich vorgeschrieben, dass für Männer und Frauen getrennte „Waschhäuser“ vorhanden sein mussten. Die Lüftung erfolgte ausschließlich durch Luken, die allerdings bei schlechtem Wetter geschlossen blieben. Die vorgeschriebene Ventilation konnte den Gestank nur umwälzen. Die Sauberkeit ließ zu wünschen übrig. Zum einen war das Reinigen problematisch, da das Zwischendeck fast immer mit Menschen gefüllt war. Zum anderen legten viele Auswanderer keinen großen Wert auf Sauberkeit: Es wurde ausgespuckt, Müll und

Wann immer es möglich war, hielten sich die Passagiere des Zwischendecks oben an der frischen Luft auf, um der Enge und dem Gestank zu entgehen. Der Platz war allerdings sehr begrenzt und bei schlechtem Wetter und Seegang mussten die Menschen unter Deck bleiben.

Der Anblick der Freiheitsstatue war für die meisten Auswanderer ein bewegender Moment. Viele erinnerten sich ihr Leben lang an diesen Augenblick, der das Ende einer strapaziösen Überfahrt und den Beginn eines neuen Lebens markierte.

Erschöpft, müde und eine ungewisse Zukunft vor Augen: osteuropäische Auswanderer beim Umsteigen von einem Zubringerboot auf einen Überseedampfer

Für die Ankunft in Amerika zogen die Menschen oft ihre beste Kleidung an, die sie während der ganzen Reise, so gut es ging, geschont hatten. Viele brachten aus der Heimat ihre Federbetten mit.

Am Ende der Treppe zur „Great Hall“ auf Ellis Island wartete ein Arzt und begutachtete die Ankömmlinge im Vorbeigehen. Wer kränklich wirkte, bekam ein Kreidezeichen auf den Rücken und musste dann eine eingehendere Untersuchung über sich ergehen lassen.

Unrat blieben auf dem Boden liegen, und besonders schlimm wurde es bei schlechtem Wetter und Seegang, wenn die meisten Passagiere seekrank waren.
Die Verpflegung für Zwischendeckpassagiere wurde in dem Hamburger Gesetz von 1887 genau vorgeschrieben: Jeder Erwachsene sollte täglich erhalten: knapp ein halbes Pfund Fleisch, 400 Gramm Kartoffeln, 360 Gramm Weißbrot, Mehl, Erbsen, Bohnen, Graupen, Reis, Pflaumen, Sauerkraut, Kaffee und Tee sowie Butter und Zucker in geringen Mengen. Per Reichsgesetz wurde 1898 die Tagesration erhöht, und es wurden drei Mahlzeiten plus eine Nachmittagsmahlzeit vorgeschrieben. Zeitzeugen berichteten, dass Theorie und Praxis nicht immer übereinstimmten. Da ist von verdorbenen Lebensmitteln die Rede, von Stewards, die besonders begehrten Proviant verkauften, der dann bei der allgemeinen Verpflegung fehlte, und natürlich wurde immer über den Geschmack geschimpft. Ab 1887 mussten die im Auftrag der Reedereien arbeitenden Expedienten Matratzen, Kopfkissen und Blechgeschirr stellen, davor hatte jeder Auswanderer für diese Ausrüstung selbst zu sorgen.
Einen großen Fortschritt bedeutete die Einführung der III. Klasse durch die HAPAG im Jahr 1904. Für etwa 180 Reichsmark konnten Auswanderer einfache Kabinen mit Betten und Waschtischen buchen. Im Zwischendeck kostete die Passage 160 Reichsmark. Das Essen bekamen die Reisenden der III. Klasse in einem Speisesaal serviert, statt es sich selbst abholen und im Zwischendeck essen zu müssen. Aufgrund der steigenden Anzahl jüdischer Emigranten wurde 1904, nach längeren Verhandlungen mit dem „Israelitischen Unterstützungsverein", auf allen HAPAG-Schiffen nach Nordamerika koscheres Essen angeboten. Dazu gab es Extraküchen mit Geschirr, eigens für die rituelle Zubereitung der Speisen. Die Mahlzeiten erhielten die jüdischen Reisenden getrennt von den anderen Passagieren.
Im Jahr 1907, als die Erweiterung der Auswandererhallen auf der Veddel abgeschlossen wurde, verließen 155.982 Auswanderer Hamburg. 112.644 von ihnen hatten in den Auswandererhallen Unterkunft gefunden. Der allergrößte Teil, nämlich 94 Prozent, reiste von Hamburg aus in die USA. Drei Prozent der Auswanderer suchten ihr Glück in Südamerika, die meisten davon in Argentinien. Manche blieben in Großbritannien, nur wenige fuhren nach Kanada und lediglich 21 Personen gaben Afrika als Auswanderungsziel an.
Ellis Island, seit 1892 die zentrale Einwandererstation der USA, zählte im Jahr 1907 1,25 Millionen Auswanderer, die hier zu Einwanderern wurden. Am 17. April 1907, dem Tag mit den meisten Ankömmlingen, wurden 11.747 Passagiere des Zwischen-

Die Freiheit ist greifbar nahe: Ausblick von Ellis Island auf die Freiheitsstatue

decks und der III. Klasse gezählt. Sie hatten es geschafft. Sie hatten eine lange und oft gefährliche Reise überstanden. Sie hatten Europa hinter sich gelassen. Sie waren in New York. Fast. Denn vor der Einwanderung in die USA schrieben die Behörden erneute Gesundheitsprüfungen vor. Die Papiere wurden geprüft, sie mussten 32 Fragen zu ihrer Herkunft, ihrer Familie, ihrem Beruf und ihren finanziellen Verhältnissen beantworten. Wurden die Einwanderer für „unbedenklich“ befunden, hieß es endlich: „Welcome to the United States of America.“ Viele reisten weiter zu bereits in den USA lebenden Verwandten oder Freunden. Oft zogen wenige Auswanderer in den Folgejahren viele andere aus ihrer Heimat nach sich, es kam zur „Kettenmigration“. Auf diese Weise entstanden in den USA – wie auch in anderen Zielländern – Siedlungsgebiete, die stark von einzelnen Nationalitäten geprägt waren. Viele Deutsche zog es in den Mittleren Westen, während Osteuropäer eher an der Ostküste der USA blieben. In den Großstädten entstanden Einwanderergettos, wie zum Beispiel die Lower East Side in New York, wo noch heute das „Tenement Museum“ Zeugnis ablegt von den armseligen Lebensbedingungen vieler Einwanderer. Auswanderung bedeutete aber nicht immer, dass die Menschen nie wieder in ihre Heimat zurückkehrten. Hamburg verzeichnete im Jahr 1907 über 48.000 Rückwanderer, Passagiere, die in der III. Klasse oder im Zwischendeck von Übersee nach Hamburg reisten. Nur ein kleiner Teil davon war an Bord, weil ihnen die Einreise in die USA verweigert wurde. Viele kehrten zurück, weil sie ihr Ziel erreicht hatten: Sie hatten ein paar Jahre in den USA oder Südamerika gelebt und genug verdient, um sich nun in ihrer europäischen Heimat eine neue Existenz aufzubauen. Oft waren es junge Männer, die allein ausgewandert waren. Sie verfolgten von Anfang an das Ziel, irgendwann „als gemachter Mann“ zurückzukehren. Andere reisten nach Europa, um Daheimgebliebene zu besuchen oder die Familie nachzuholen. Die verbesserten Reisemöglichkeiten durch die Dampfschifffahrt sowie durch den massiven Ausbau der Eisenbahnnetze erhöhten die Mobilität der Menschen. 1913 verzeichnete Hamburg die höchste Zahl an Auswanderern: 192.733. Mit dem Ausbruch des Ersten Weltkriegs kam die Auswanderung über Hamburg vollständig zum Erliegen, nur wenige Monate nach ihrem Höhepunkt.

Die Auswandererhallen von 1914 bis zur BallinStadt

Ursula Wöst

Der Erste Weltkrieg bedeutete für die Auswanderung einen tiefen Einschnitt und in der Weimarer Republik erreichte das „Auswanderergeschäft" bei weitem nicht mehr den Umfang, den es zu Beginn des 20. Jahrhunderts hatte. Die Blütezeit der Auswandererhallen war nur von kurzer Dauer gewesen.

Bereits 1908 hatte die HAPAG sich vertraglich verpflichtet, die Auswandererhallen auf der Veddel im Kriegsfall in ein Marinelazarett umzuwandeln. Dies geschah auch prompt.

Bereits am 2. August 1914, einen Tag nach der Mobilmachung und dem Abmarsch der ersten deutschen Truppen, wurden die Auswandererhallen von der Marineverwaltung übernommen. Die Emigranten, die sich zu diesem Zeitpunkt noch in den Hallen aufhielten, wurden eilig mit dem Zug nach Antwerpen und nach Dänemark geschickt. Doch einige schafften es nicht mehr und wurden zu Opfern des Krieges, noch bevor dieser richtig begonnen hatte:

... die unverheirateten Russen männlichen und weiblichen Geschlechts sind ... nach Pommern befördert worden, um dort zu den Erntearbeiten herangezogen zu werden. 49 Personen mussten außerdem noch in Hamburg verbleiben, da Familienangehörige sich in den Krankenhäusern befanden ... Die Genesung des letzten Angehörigen dieser russischen Familie verzögerte sich bis zum 19. November, seit diesem Tage wird die Familie als kriegsgefangen behandelt. (Aus dem Bericht des Reichskommissars für das Auswandererwesen)

Die moderne Ausstattung der Auswandererhallen mit eigener Kläranlage, sanitären Einrichtungen, Krankenstation, Quarantänestation, Desinfektionsapparaten und guten Unterbringungsmöglichkeiten kam nun kranken und verwundeten Soldaten zugute. Während des Krieges waren die Hallen durchschnittlich mit 2500 Verwundeten und Kranken belegt, dazu kamen 50 Ärzte, 75 Schwestern, 15 Feldwebel, 350 Unteroffiziere und Mannschaften. Rund 130 Personen des früheren Personals wurden für den Wirtschaftsbetrieb übernommen.

Für die zivile Schifffahrt war der Erste Weltkrieg ein Desaster. Die HAPAG wie auch der Norddeutsche Lloyd und andere Reedereien verloren ihre gesamte Flotte. Es dauerte mehrere Jahre, bis der Personenverkehr und damit die Beförderung von Emigranten wieder richtig aufgenommen werden konnte. Trotz aller Anstrengungen der Reedereien, den Auswandererverkehr erneut aufzubauen, konnten bei weitem nicht mehr die Passagierzahlen der Vorkriegsjahre erreicht werden. Die Gründe dafür waren vielfältig:

Die politische und wirtschaftliche Situation in Ost- und Südosteuropa hatte sich grundlegend verändert. Das osmanische, das zaristische und das habsburgische Großreich waren zerfallen und in der Folge 14 neue Nationalstaaten entstanden. Diese strebten sowohl wirtschaftlich als auch politisch nach Unabhängigkeit. Dafür war es nötig, die Menschen im eigenen Land zu halten. Deshalb betrieben fast alle europäischen Staaten eine protektionistische Migrationspolitik, erschwerten also die Auswanderung durch behördliche Bestimmungen. Vor allem die UdSSR bediente sich einer sehr restriktiven Auswanderungspolitik. Sie verhinderte Auswanderung, in dem die Behörden schwer zu beschaffende Dokumente verlangten und hohe Gebühren erhoben. Hinzu kam, dass die Grenzkontrollstationen – vor dem Krieg ein wichtiges Instrumentarium zur gezielten Weiterleitung von ost- und südosteuropäischen Auswanderern in die deutschen Hafenstädte – aufgehoben worden waren. Damit verteilte sich der Passagierverkehr stärker auf verschiedene europäische Häfen. Polnische Auswanderer bevorzugten nun

Danzig, aus dem südosteuropäischen Raum reiste man vorzugsweise über die Häfen am Mittelmeer und an der französischen Westküste.
Auf der anderen Seite des Atlantiks, vor allem in den USA, wurde die Zuwanderung ebenfalls aus politischen Gründen eingeschränkt. Man wollte vor allem die Einwanderung armer und eventuell hilfsbedürftiger Menschen, die dem Sozialwesen zur Last fallen würden, eindämmen. Hinzu kam eine wachsende Fremdenfeindlichkeit gegenüber Osteuropäern, denen mangelnde Anpassungsbereitschaft und -fähigkeit vorgeworfen wurde. Ein Vorurteil, denn empirische Untersuchungen belegten das Gegenteil. Auch spielte die Angst vor einer Radikalisierung der Arbeiterklasse eine Rolle. So waren es vor allem republikanische Politiker und Gruppen wie die „American Protective Association" (APA) und die „Immigration Restriction League", die eine Eingrenzung der Einwanderung forcierten. Sie erwirkten schließlich die Quotenregelungen von 1921 und 1924, die vor allem zu einem stark verminderten Zustrom aus Osteuropa führten. Im Gegensatz zu dem starken Rückgang der Auswanderung aus Osteuropa stieg Anfang der 20er-Jahre die deutsche Auswanderung noch einmal kurz an. Manche setzten jetzt ihre Auswanderungspläne in die Tat um, die sie schon vor dem Krieg gefasst hatten. Andere wollten ihr Vermögen, auch wenn es nicht besonders groß war, vor der Inflation retten, die ihren Höhepunkt in der Hyperinflation 1923 in Deutschland fand. Im November 1923 wurde ein US-Dollar mit 4,2 Billionen Mark umgerechnet.
All diese Faktoren führten dazu, dass die Auswandererhallen in Hamburg mehr von deutschen Auswanderern genutzt wurden, während die Zahl der hier untergebrachten Durchwanderer aus Osteuropa stark zurückging.
Die HAPAG passte sich den veränderten Bedingungen an und baute die Hallen zum „Überseeheim" um. Im „Hamburger Fremdenblatt" heißt es am 15. September 1924:

Die Auswandererhallen der Hamburg-Amerika-Linie in Hamburg haben sich seit kurzem in ein „Überseeheim HAPAG" verwandelt. Den Anlass zu dieser Neugestaltung gaben die veränderten Verhältnisse im Auswandererverkehr ... Den erhöhten Ansprüchen dieser deutschen Fahrgäste hat die Hamburg-Amerika Linie durch eine weitgehende Neugestaltung Rechnung getragen.

Mit Broschüren wurde gezielt um deutsche Kunden geworben. Für Passagiere der III. Klasse waren die Kosten für Unterkunft und Verpflegung in den Auswandererhallen bis zu fünf Tagen im Passagepreis eingeschlossen. Der Zugang zur Stadt war nun selbstverständlich Tag und Nacht offen. Die Schlafsäle wurden durch Trennwände in kleinere Einheiten unterteilt. 1924 wurde ein

Nächste Doppelseite: Die Empfangshalle des „Überseeheims", wie die Auswandererhallen ab 1924 genannt wurden. Es gab weniger Gäste, aber diesen wurde mehr Komfort geboten. Über allem stand nach wie vor das Firmenmotto: „Mein Feld ist die Welt".

Während des Ersten Weltkriegs dienten die Auswandererhallen als Marinelazarett. Trotz Krieg, Leid und Schmerzen versuchte man mit den Postkarten aus dem Lazarett eine Art „Heile-Welt-Idylle" vorzutäuschen.

HAMBURG - AMERIKA LINIE
UNITED AMERICAN LINES

ist die Welt

Auswanderer im Jahr 1925 vor dem Hospiz der Evangelisch-Lutherischen Auswanderermission. Hilfsorganisationen hatten eigene Häuser wie dieses Hospiz in St. Georg. Sie brachten Auswanderer aber häufig auch in die Auswandererhallen und betreuten sie dort.

Kino für 481 Zuschauer eingerichtet. Doch die Auswandererzahlen gingen kontinuierlich zurück. So wurden im Jahr 1924 insgesamt nur noch rund 20.000 Personen in den Auswandererhallen untergebracht, elf Jahre zuvor waren es noch über 170.000. In den darauffolgenden Jahren wurden es immer weniger Gäste.

1934 wurde das „Überseeheim" geschlossen. Im April übergab die HAPAG einen Großteil der Gebäude an die Stadt Hamburg, und die SS-Standarte „Germania" zog in zwei Drittel des „Überseeheims" ein. Sieben Monate lang kam es zur direkten Nachbarschaft zwischen der SS und Auswanderern, die vor dem nationalsozialistischen Regime flüchteten – eine unerträgliche Situation. Man trennte die beiden Bereiche mit Planken ab, „sodass eine Berührung nicht infrage kommen kann". Am 1. November 1934 nahm die SS den gesamten Komplex in Besitz. Von diesem Tag an wurden nie wieder Auswanderer in den Hallen auf der Veddel untergebracht.

Die SS-Standarte „Germania" nutzte die Gebäude bis zum 1. Oktober 1938. Von freiwilliger, geplanter Auswanderung konnte inzwischen keine Rede mehr sein. Vor allem nach der „Reichskristallnacht" im November 1938 flohen viele Juden aus Deutschland, im April 1939 waren es über 3000 Flüchtlinge, die über Hamburg das Land verließen.

Nachdem die SS-Standarte ausgezogen war und die Gebäude in sehr schlechtem Zustand hinterlassen hatte, wurden Straßenbaupläne umgesetzt, die bereits seit vier Jahren in den Schubladen der Finanzverwaltung lagen. Die „Wilhelmsburger Reichstraße" – sie heißt in diesem Abschnitt heute „Veddeler Straße" – wurde gebaut. Ihr fielen das imposante Hauptgebäude und andere Bauten zum Opfer.

Die verbliebenen Hallen wurden zu Hamburgs größtem Kriegsgefangenenlager, in dem zwischen 1500 und 2000 französische, belgische, polnische, serbische und sowjetische Kriegsgefangene lebten. Sie wurden zur Arbeit in verschiedensten Betrieben im Hafen und in der Stadt, auf Werften, in Maschinenbau- und Chemieunternehmen, im Baugewerbe und in Handwerksbetrieben, bei Bäckern und Schustern gezwungen. Die Bombenschäden, die durch Angriffe ab April 1941 entstanden, mussten die Gefangenen selbst beheben. Die Hallen waren überbelegt, die sanitären Bedingungen schlecht, es kam zu Typhus- und Ruhrerkrankungen.

Nach dem Ende des Zweiten Weltkriegs verhängten die Besatzungsmächte eine Auswanderungssperre. Ab 1948 war es Deutschen dann wieder erlaubt, in die USA einzuwandern.

Die Auswandererhallen, ihrer wichtigsten Gebäude seit 1939 beraubt, der Rest stark heruntergekommen, beherbergten nach 1934 keine Auswanderer mehr. Die Baracken eines ehemaligen Kriegsgefangenen-

Nach einem Luftangriff 1941 wurden französische Kriegsgefangene, die in den ehemaligen Auswandererhallen untergebracht waren, zu Aufräumarbeiten herangezogen.

Die Tanzabende in den Auswandererhallen erfreuten sich seit den 1920er-Jahren offenbar großer Beliebtheit. Auch Kinovorführungen gab es hier seit dieser Zeit.

lagers auf der Elbinsel Finkenwerder wurden im Sommer 1949 zu einem neuen Auswandererheim hergerichtet. Doch in ihnen wurden nur wenige Tausend Menschen pro Jahr untergebracht.
Nach Kriegsende wurden die Auswandererhallen von der britischen Besatzung beschlagnahmt, die hier eine Transportkompanie unterbrachte. Regelmäßig gab es Tanzveranstaltungen in den Auswandererhallen, zu denen auch die jungen Leute aus der Umgebung gerne gingen. Eine Zeitzeugin erinnert sich:

Nach Kriegsende am 8. Mai 1945 erlaubten die Engländer, dass alle 14 Tage am Sonnabend dort zum Tanzen Musik gemacht werden durfte, und zwar – Ausgangssperre war von 22 Uhr bis 6 Uhr – von 17 Uhr bis 21 Uhr. Der Mann meiner Freundin leitete eine kleine Band – 6 Mann –, hatte von den Engländern die Erlaubnis bekommen dort aufzuspielen; er sollte auch noch ein paar junge Frauen mitbringen. Wir fuhren also alle 14 Tage hin und haben unsere Soldaten unterhalten.

Die Auswandererhallen auf der Veddel dienten ab Februar 1947 als Unterkünfte für ausgebombte Hamburger. Das Provisorium wurde für einige Menschen zur dauerhaften Bleibe. Sie lebten dort bis zum Anfang der 1960er-Jahre. Dann wurden die Pavillons für unbewohnbar erklärt. Auch einige gewerbliche Betriebe nutzten die Hallen, zum Beispiel die Schlosserei Oelkers, der Fruchthändler Port und die Farbenfabrik Glasurit.
Für die Veddeler blieb die Kirche der Auswandererhallen ein wichtiger Anlaufpunkt. Sie gehörte zur katholischen Gemeinde. Nachdem aber die evangelische Kirche im Wohngebiet der Veddel zerstört wurde, fanden – wie schon früher – in der „Auswandererkirche“ katholische und evangelische Gottesdienste statt. So manch Veddeler erinnert sich noch heute gerne an seine Konfirmation oder seine Hochzeit dort:

Im Jahre 1950 beschlossen wir zu heiraten. Und was lag näher als uns durch den Pastor Reincke von der Veddel trauen zu lassen. Er hatte uns beide schon konfirmiert. Gesagt, getan, da die Veddeler Kirche im Jahre 1944 durch eine Luftmine zerstört wurde, nutzte die Veddeler evangelische Gemeinde ebenfalls die Kirche der ehemaligen Auswandererhallen.
Am 2. September 1950 war der denkwürdige Tag. Aufgrund der Beziehungen meines Vaters zum Hamburger Markt der Blumengroßhändler und -erzeuger konnten wir die Kirche für damalige Verhältnisse in ein Blumenmeer verwandeln. Sehr zur Freude des Pastors und der uns nachfolgenden Hochzeitsgesellschaft.
Die Kirche selbst erinnere ich als hell und freundlich, aber einfach gestaltet. Herz, was willst Du mehr!

Doch 1962 wurden alle noch stehenden Gebäude samt der Kirche abgerissen, bis auf eines: Pavillon Nr. 13/14. Viele Jahre war er Filiale eines Autohofs. Ab Beginn der 1980er-Jahre bis zum Jahr 2001 betrieb der portugiesische Einwanderer Belarmino Santos in dem historischen Schlafpavillon der Auswandererhallen sein Restaurant „Bela Mar“.
Zumindest gelegentlich kam noch Leben in das verlassene Gebäude: Es gab eine künstlerische Spurensuche, die erstaunliche Gegenstände und Erinnerungen zu Tage förderte. Das „Theater am Strom“ und die Geschichtswerkstatt Wilhelmsburg führten mit Schülern des Gymnasiums Wilhelmsburg – deren Familiengeschichten selbst oft von Migration geprägt sind – in der Auswandererhalle ihr Stück „Land in Sicht“ auf und reisten anschließend nach New York, um es auch im Einwanderermuseum Ellis Island vorzustellen. Inzwischen nahmen auch die Planungen für ein Auswanderermuseum konkrete Formen an.

„Port of Dreams“: BallinStadt – Auswandererwelt Hamburg

Ursula Wöst

Etwa fünf Millionen Menschen wanderten zwischen 1850 und 1934 über Hamburg aus. Fünf Millionen Schicksale, fünf Millionen Geschichten. Die Auswanderer hinterließen Spuren: Sie wurden in Auswanderungslisten, Passagierlisten, Einwanderungslisten verzeichnet, sie wurden bei Volkszählungen in den USA erfasst und ihre Einbürgerung wurde dokumentiert. Sie schrieben Briefe an Verwandte und Freunde, führten Tagebücher. Sie erzählten ihren Kindern von der größten Reise ihres Lebens. Wer diesen Spuren folgt, findet mehr als nur einfache Familiengeschichte(n), er begibt sich auch auf eine spannende Zeitreise.

Mit den Auswandererhallen und den Passagierlisten verfügt Hamburg über einzigartige historische Quellen. Die Anlage auf der Veddel war in ihrer Art einmalig und ist ein wichtiger Bestandteil der Auswanderungsgeschichte.

Passagierlisten wurden auf fast allen Schiffen geführt, die mit Emigranten von Europa nach Übersee fuhren, doch sind die meisten nicht erhalten geblieben. Eine Ausnahme bilden die skandinavischen Länder. Von den Daten der rund fünf Millionen Skandinavier, die zwischen 1868 und 1940 in die USA auswanderten, wurden bislang etwa drei Millionen digital erfasst. Die Angaben stammen aus Passagierlisten, Reisepassunterlagen und Polizeiakten. In Liverpool dagegen, dem größten europäischen Auswandererhafen, wurden einheimische Passagiere erst ab 1890 registriert, ausländische Passagiere sogar erst ab 1923.

Von den über sieben Millionen Menschen, die über Bremerhaven den europäischen Kontinent verließen, sind nur wenige Daten in Deutschland erhalten geblieben. Die meisten Unterlagen wurden entweder vernichtet oder im Krieg zerstört. Erhalten geblieben sind die Bremer Passagierlisten von 1920 bis 1939 (digitalisiert in dem Projekt „Die MAUS – Gesellschaft für Familienforschung e. V. in Bremen“).

Auf der anderen Seite des Atlantiks wurden Einwanderungslisten geführt. Die umfangreichste ist die von Ellis Island, der Einwandererstation in New York, in der die ankommenden Passagiere von 1892 bis 1924 erfasst wurden, insgesamt rund 16 Millionen! Die Hamburger Passagierlisten zeichnen sich zum einen durch den großen Zeitraum aus, den sie umfassen, nämlich die Jahre von 1850 bis 1934. Es ist damit wohl der weltweit größte Bestand an Passagierlisten von Auswandererschiffen. Zum anderen enthalten die Hamburger Passagierlisten genaue Angaben über die Herkunft der Auswanderer. Dies ist für Familienforscher häufig die einzige Möglichkeit, ihre Spuren zurückzuverfolgen, vor allem nach Osteuropa. Aber auch für sozialhistorische Studien bieten die Passagierlisten umfangreiches und detailliertes Material.

Die Listen wurden von den Reedereien geführt. Vermutlich wurden die Eintragungen wenige Tage vor der Abreise eines Schiffes anhand der Angaben der Expedienten im „Kontor“ vorgenommen. Sie wurden dann bei oder kurz nach der Einschiffung überprüft und aktualisiert. Die Streichungen in den Listen zeugen von Menschen, die in letzter Minute nicht an Bord durften oder wollten. Die Passagierliste wurde abschließend vom Kapitän unterschrieben. Es gab immer zwei Ausfertigungen: Eine nahm der Kapitän mit auf die Reise, die andere verblieb in der Hamburger Auswandererbehörde. Die Passagierlisten wurden dort verwahrt, bis sie in den 20er-Jahren in das Hamburger Staatsarchiv gebracht wurden, wo sie bis heute in sehr gutem Zustand erhalten sind.

Bereits 1999 hatte das Staatsarchiv Hamburg damit begonnen, die wertvollen Passagierlisten zu digitalisieren. Neben der dauerhaften Sicherung der Daten sollten sie damit einer breiten Öffentlichkeit zugänglich gemacht werden. Dies war und ist keine leichte Aufgabe, da die handschriftlichen

Eintragungen zum Teil schwer lesbar sind und Namen – vor allem der osteuropäischen Menschen und Städte – häufig falsch geschrieben wurden. So wurde ein aufwendiges Verfahren entwickelt, bei dem Mitarbeiter die Angaben aus den Passagierlisten manuell in eine eigens kreierte Datenbank eintragen und diese Eintragungen dann von Fachleuten überprüft werden. Auf diese Weise wird eine hohe Qualität der Datenbank gewährleistet. In dem Projekt „Link to your Roots" werden die Daten seit 1999 von rund 20 Mitarbeitern erfasst. Die Eingabe der Daten wird noch voraussichtlich bis 2009 dauern.
Die digitalisierten Daten wurden von Anfang an über das Internet öffentlich zugänglich gemacht. Zunächst präsentierte der Verein „Beschäftigung und Bildung e.V. Hamburg" die ständig wachsende Datenbank und verband mit ihr ein Serviceangebot zur Familienforschung. Seit Januar 2007 werden die Hamburger Passagierlisten im Internet von MyFamily GmbH/Deutschland gezeigt, zu finden unter www.ancestry.de. Die Datenbank ist nun verknüpft mit den digitalen Bildern der Passagierlisten, sodass jeder Interessent sich das Bild der Original-Passagierliste ansehen kann.
Familienforschung, die in den USA eine lange Tradition hat und dort eine der häufigsten Freizeitbeschäftigungen ist, erfreut sich auch in Deutschland immer größerer Beliebtheit. Dank des Internets entsteht ein ständig wachsendes Netzwerk von Institutionen und Personen, die sich mit genealogischen Quellen befassen. Die Hamburger Passagierlisten und das Familienforschungszentrum in der *BallinStadt* sind ein wichtiger Teil davon.
Als mit der Digitalisierung der Passagierlisten begonnen wurde, wussten nur wenige Hamburger um die Geschichte des unscheinbaren Pavillons auf der Veddel. Es ist engagierten Mitarbeitern der Staatlichen Pressestelle, des Staatsarchivs und kultureller Einrichtungen auf der Veddel und in Wilhelmsburg zu verdanken, dass der letzte Pavillon nicht abgerissen wurde, sondern den Grundstein für ein Auswanderermuseum bilden sollte. Sie entwickelten Ideen für ein Auswanderermuseum am historischen Ort. In diesem Zusammenhang entstand die Ausstellung „Auswandererhafen Hamburg – Hamburg Emigration Port", die unter anderem im Hamburger Rathaus, auf Ellis Island und in Hamburgs Partnerstadt Chicago gezeigt wurde, sowie die Ausstellung „Ein Koffer voller Hoffnung", die mehrere Jahre auf dem Museumsschiff *Cap San Diego* zu sehen war. Auch die „Stiftung Hamburg Maritim" erarbeitete ein Konzept. Dieses basierte auf der Idee einer „Public-Private-Partnership". Der Stiftung gelang es private Sponsoren für das Projekt zu begeistern und ein Unternehmen zu finden, das bereit war, eine Ausstellung ohne städtische Zuschüsse zu betreiben. Auf dieser Grundlage beschloss die Stadt Hamburg im Dezember 2004 eine umfassende Ausstellung am historischen Ort der ehemaligen Auswandererhallen aufzubauen: Die *BallinStadt* – in Erinnerung an den HAPAG-Generaldirektor Albert Ballin, der die Auswandererhallen rund 100 Jahre zuvor erbauen ließ.
Anfang des Jahres 2006 wurde das Gesamtkonzept um den „BallinPark" erweitert. Ein Viertel der Gesamtinvestitionen wurde durch private Sponsoren aufgebracht, in erster Linie von der Hapag-Lloyd AG, der Norddeutschen Affinerie sowie vom Airport Hamburg und der Hamburger Feuerkasse. Die Stadt übernahm drei Viertel der Kosten, die aus dem „Sonderinvestitionsprogramm Hamburg 2010" bestritten wurden. Mit diesen Mitteln wurden drei Pavillons nach alten Plänen wieder aufgebaut, die Ausstellung eingerichtet und der Park angelegt. Das „hamburgmuseum" richtete parallel die Dauerausstellung „Hamburg als Auswandererstadt" ein. In dieser wird das Thema in den Kontext der Stadtentwicklung eingebunden und damit aus der stadtgeschichtlichen Perspektive betrachtet. Dort werden Themenbereiche dargestellt, die in der *BallinStadt*, aufgrund der Konzentration auf die

Die Hamburger Passagierlisten sind ein wertvoller Schatz, der im Staatsarchiv der Freien und Hansestadt Hamburg gut gehütet wird.

In den Passagierlisten wurde zunächst genau bezeichnet, um welches Schiff es sich handelte, wann es reiste und wer der Kapitän war. Dann wurden die Namen und persönlichen Angaben eingetragen. Für die Familienforschung von größter Bedeutung ist der genaue Herkunftsort, der hier festgehalten wurde. Passagierliste der *Amerika* für ihre Fahrt am 4. Juli 1907 von Hamburg nach New York. An Bord waren 1416 Passagiere, 971 Männer und 445 Frauen. Aufgelistet sind auch diejenigen, die kurzfristig nicht mitreisten – aus welchem Grund ist unbekannt.

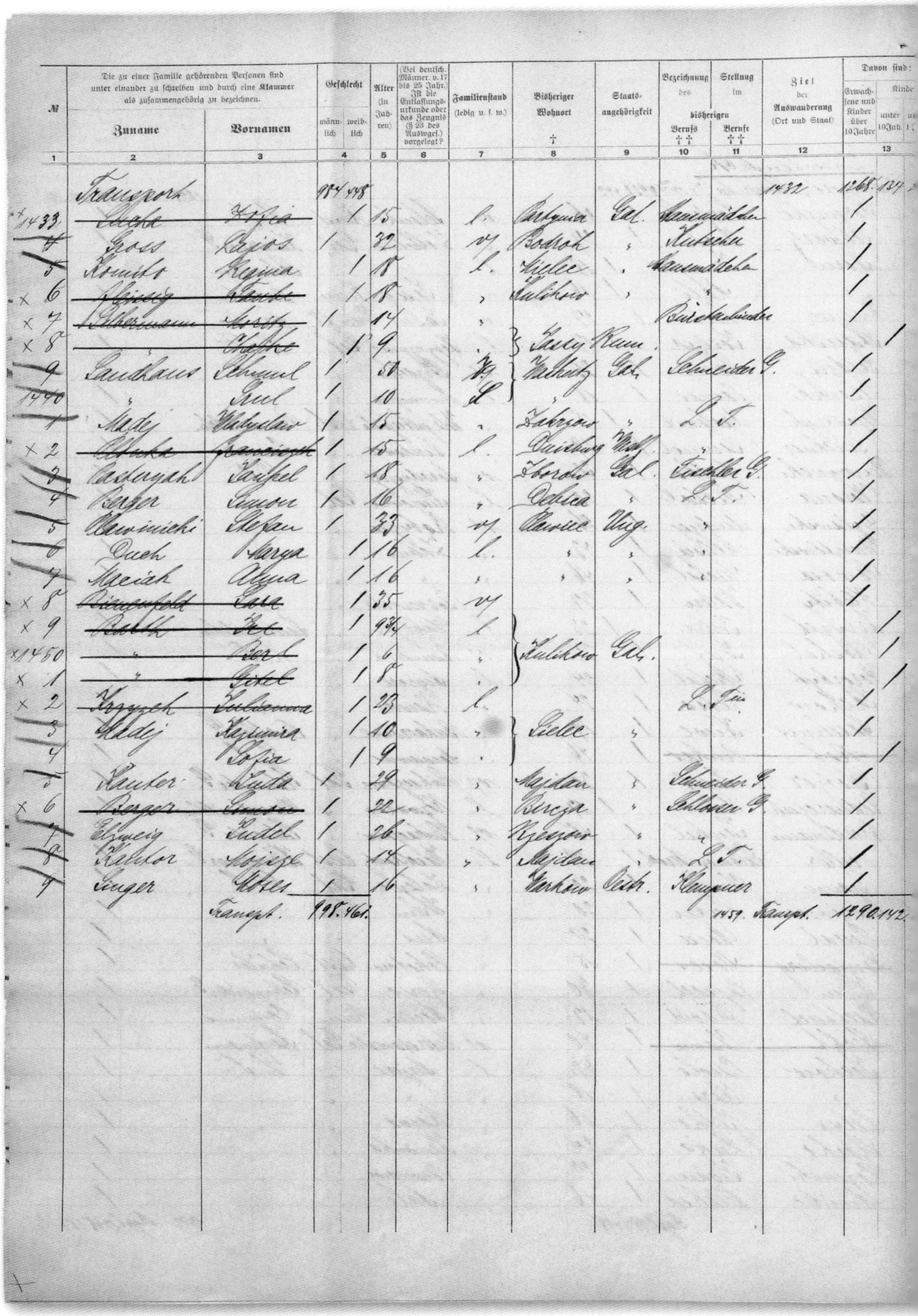

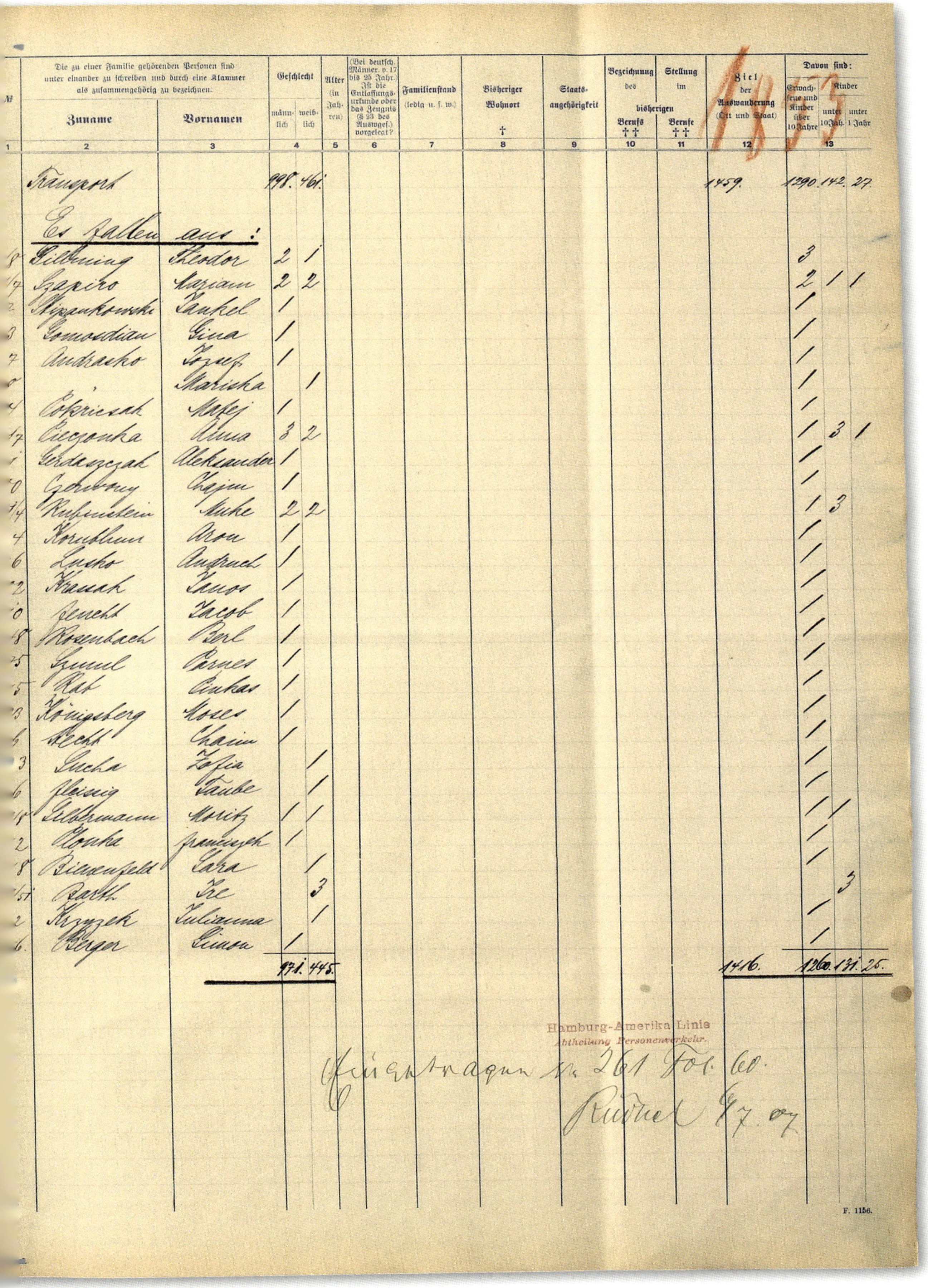

№	Die zu einer Familie gehörenden Personen sind unter einander zu schreiben und durch eine Klammer als zusammengehörig zu bezeichnen. Zuname	Vornamen	Geschlecht männlich	Geschlecht weiblich	Alter (in Jahren)	(Bei deutsch. Männer. v. 17 bis 25 Jahr.) Ist die Entlassungsurkunde oder das Zeugnis (§ 23 des Auswges.) vorgelegt?	Familienstand (ledig u. s. w.)	Bisheriger Wohnort †	Staatsangehörigkeit	Bezeichnung des bisherigen Berufs ††	Stellung im bisherigen Berufe ††	Ziel der Auswanderung (Ort und Staat)	Davon sind: Erwachsene und Kinder über 10 Jahre	Kinder unter 10 Jahr	Kinder unter 1 Jahr
1	2	3	4		5	6	7	8	9	10	11	12	13		
	Transport		998.	461.								1459.	1290.	142.	27.
	Es fallen aus:														
8	Pillming	Theodor	2	1									3		
7	Szapiro	Mariam	2	2									2	1	1
2	Slizankowski	Jankel	1										1		
3	Gomosdian	Gina	1										1		
7	Andrasko	Jozef	1										1		
0		Mariska		1									1		
4	Cokriesak	Matej	1										1		
7	Pieczonka	Anna	3	2									1	3	1
1	Gerdaszczak	Aleksander	1										1		
0	Gorbowy	Chajim	1										1		
4	Rubinstein	Anke	2	2									1	3	
4	Kornblum	Aron	1										1		
6	Lusko	Andruch	1										1		
2	Krassak	Janos	1										1		
0	Zenecht	Jacob	1										1		
8	Rosenbach	Berl	1										1		
5	Szmul	Parnes	1										1		
5	Rat	Pinkas	1										1		
3	Königsberg	Moses	1										1		
6	Hecht	Chaim	1										1		
3	Sucha	Zofia		1									1		
6	Fleissig	Taube		1									1		
5	Silbermann	Moritz	1	1									1	1	
2	Plonka	Franciszek	1										1		
8	Birnenfeld	Sara		1									1		
51	Barth	Ire		3										3	
2	Krzyzek	Julianna		1									1		
6.	Berger	Pinna	1										1		
			971.	445.								1416.	1260.	131.	25.

1873

Hamburg-Amerika Linie
Abtheilung Personenverkehr.

Eingetragen in Nr. 261 Fol. 60.
Kühnel 8/7. 07

F. 1156.

Geschichte der Auswandererhallen und der Passagierlisten während des Zeitraumes von 1850 bis 1939, nicht ausführlich präsentiert werden können.
Mit der Bereitstellung von Mitteln aus dem Sonderinvestitionsprogramm „Sprung über die Elbe" machte die Stadt klar, dass mit dem Projekt *BallinStadt* ein wichtiger stadtentwicklungspolitischer Aspekt verbunden ist. Es geht um den Stadtteil Veddel, ein Quartier, das auch von vielen Hamburgern kaum wahrgenommen wird. Dabei liegt es nur sechs S-Bahn-Minuten vom Hauptbahnhof und wenige Kilometer vom Stadtzentrum entfernt. Die Veddel ist gekennzeichnet von den für Hamburgs Arbeiterviertel typischen Backsteinbauten, errichtet in den 1920er-Jahren nach Plänen des bekannten Hamburger Stadtplaners Fritz Schumacher. Knapp 5000 Menschen leben hier, von denen etwa 52 Prozent einen Migrationshintergrund haben.
Einwanderer, Auswanderer – die Veddel ist geprägt von diesem Thema. Der Ort, an dem vor 100 Jahren Auswanderer eine Zwischenstation machten, ist für viele Einwanderer heute, die vielleicht aus ganz ähnlichen Gründen ihre Heimat verließen, ein neues Zuhause geworden. Das aktuelle Thema der Migration ist deshalb ein wichtiger Bestandteil der Ausstellung. Sie schlägt die Brücke von historischer Auswanderung zu Fragen der Ein- und Auswanderung heute. Der Park verbindet die *BallinStadt* mit dem Wohngebiet.
Über die Veddel hinaus rückt der Süderelberaum zunehmend in den Fokus der Stadtentwicklung. Die Internationale Gartenschau (IGS) und die Internationale Bauausstellung (IBA) finden 2013 in Hamburg statt. Sie konzentrieren sich auf die Gebiete südlich der Elbe und die *BallinStadt* soll ein wichtiger kultureller Bestandteil des Gesamtkonzepts werden. Nationale und internationale Aufmerksamkeit werden mit diesen großen Projekten auf Hamburgs Süden gelenkt. Die *BallinStadt* als der historische Dreh- und Angelpunkt zwischen Ost und West, zwischen Europa und Amerika, ist ein hervorragender Ort für interkulturelle Begegnungen und Erfahrungen.
Die Attraktivität des Ortes wird durch die Erreichbarkeit auf dem Wasserweg deutlich erhöht. Untrennbar mit den Auswanderern in Hamburg verbunden sind Schifffahrt und Hafen. Die Idee lag nahe, die vielen alten und neuen Attraktionen des Hafens auf dem Wasserweg miteinander zu verbinden.
Die Barkassenroute führt von den Landungsbrücken über die Speicherstadt und die HafenCity auf die andere Elbseite und dort entlang an den „50er Schuppen". Es sind die letzten vorhandenen Kaischuppen der Kaiserzeit, in den gleichen Jahren gebaut wie die Auswandererhallen. In Kooperation zwischen der Stiftung Hamburg Maritim und dem Museum der Arbeit entsteht hier ein Hafenmuseum. Direkt gegenüber, auf der anderen Seite des Hansahafens, liegen der O'Swaldkai und der Amerikakai, wo die Auswandererbaracken von 1892 bis 1898 standen und teilweise die Einschiffung der Auswanderer erfolgte.
Unter dem Veddeler Brückenkreuz hindurch dauert die Fahrt mit der Barkasse nur wenige Minuten bis in den Müggenburger Zollhafen direkt zum Anleger der *BallinStadt*. Eine solche Rundfahrt eröffnet selbst kundigen Hamburgern neue Perspektiven und Eindrücke.
Die *BallinStadt* ist also weit mehr als eine Geschichtsausstellung. Sie ist Stadtentwicklungsprojekt, Anziehungspunkt für Touristen, „kultureller Leuchtturm" und Baustein einer „Maritimen Erlebniswelt", wie sie im Bereich des Hamburger Hafens entsteht. Sie ist auch ein spezieller Erinnerungsort Hamburgs, da sich in der Geschichte der Auswandererhallen von 1901 bis heute auch ein Stück Stadtgeschichte und deutscher Geschichte widerspiegeln.
Im Dezember 2005 wurde der Grundstein für die *BallinStadt* gelegt. In den folgenden Wochen begann der Rückbau des alten Pavillons. Alle Einbauten, Wände und Bodenschichten, die nachweislich nicht zum ursprünglichen Bau gehörten, wurden ent-

fernt. Dabei zeigte sich, wie stark der Pavillon in seiner 100-jährigen Geschichte verändert wurde. Übrig blieben letztlich die Südfassade des Gebäudes sowie gepflasterte Wege auf dem Gelände. Die originalen Backsteine der Südfassade wurden sorgsam in den Neubau integriert. Glücklicherweise sind alle Baupläne und Baubeschreibungen aus dem ersten Jahrzehnt des 20. Jahrhunderts erhalten geblieben. So konnten die Architekten die drei Pavillons originalgetreu rekonstruieren. Um Raum für die Ausstellung zu gewinnen, erhielten zwei der Gebäude Glaskuben, die die Innenhöfe überdachen. Der historische Pavillon 13/14 aber entstand in der Form, wie er vor 100 Jahre erbaut worden war. Die Ausstellung in diesem Gebäude widmet sich vorwiegend der Geschichte der Auswandererhallen mit umfangreichem historischen Material, Fotos, Filmen, Dokumenten und Erinnerungen.

Die Hauptausstellung im mittleren der drei Gebäude verfolgt den Weg der Auswanderer von ihrer europäischen Heimat über Hamburg in die Neue Welt. Sie erzählt die Geschichten, die hinter den Namen und Daten der Passagierlisten stehen. Geschichten von Hunger und Armut, von Flucht und Beschwernis, von Abschied und Reise, von Ungewissheit und Zuversicht, vor allem aber von Neubeginn und Hoffnung. Durch ein innovatives Ausstellungskonzept werden die Besucher Teil der Geschichte, betrachten Fragen der Migration heute vor dem Hintergrund der historischen Auswanderung.
Die Ausstellung ist auch eine Hommage an die Menschen, die es wag(t)en, das eigene Schicksal in die Hand zu nehmen, und bereit sind, Neues zu probieren, sich Herausforderungen zu stellen, Fremdem offen zu begegnen und einen eigenen Weg zu gehen.
Damals wie heute.

Die drei Gebäude der „*BallinStadt* – Auswandererwelt Hamburg“ wurden nach den Originalbauplänen am historischen Ort rekonstruiert. In ihnen kann der Besucher die Geschichte der Auswanderung über Hamburg nacherleben und sich ein Bild vom Alltag in den Auswandererhallen machen.

Glossar

Agenten: Zum Verkauf von Schiffspassagen setzten die Reedereien Agenten ein. In Deutschland mussten diese Auswandereragenten eine staatliche Lizenz einholen, doch für die Unteragenten in anderen Ländern gab es keine Vorschriften. Den Agenten war es jedoch überall verboten, Auswanderer aktiv zu werben. Da sie aber eine Provision für jede verkaufte Schiffspassage von den Reedereien erhielten, verstießen viele gegen das Werbungsverbot. Die Unteragenten in Ost- und Südosteuropa waren oft Händler, Bürgermeister, Lehrer und Pfarrer. Sie verkauften nicht nur die Schiffspassagen, sondern mussten den Auswanderern auch bei der Reise bis zum Einschiffungshafen behilflich sein. Da in Russland kaum ein Auswanderer die hohen Gebühren für einen Reisepass zahlen konnte, wurde der Agent hier auch häufig zum Helfer für eine illegale Reise über die Grenze.

Dokumententasche für Reiseunterlagen und Tickets. Ausstellungsexponat in der *BallinStadt*

Alte Welt/Neue Welt: Als „Alte Welt" werden die Kontinente der Erde bezeichnet, die den Europäern vor der Entdeckung Amerikas 1492 bekannt waren: Europa, Afrika und Asien. Im Gegensatz dazu steht die „Neue Welt" Nord- und Südamerika.

Auswandererbriefe: Briefe von Ausgewanderten an ihre Familie, Verwandten und Freunde in der alten Heimat sind eine einzigartige Quelle für die Kultur- und Alltagsgeschichte der Emigration. Von der Freien Universität Berlin in Zusammenarbeit mit der Forschungsbibliothek Gotha wurden bislang rund 7000 Briefe gesammelt. www.auswandererbriefe.de

Auswandererhallen: Die Hamburger Auswandererhallen wurden von der HAPAG unter der Leitung des Generaldirektors Albert Ballin ab 1900 für die Unterbringung der Auswanderer vor ihrer Einschiffung gebaut. Sie wurden im Dezember 1901 eröffnet und bis 1907 erweitert. Von da an konnten bis zu 5000 Menschen gleichzeitig untergebracht und versorgt werden. Die Auswandererhallen waren bis 1934 in Betrieb.

Auswandererhilfsorganisationen: Christliche und jüdische Organisationen boten den Emigranten praktische und seelische Unterstützung. Das katholische „Raphaelswerk" wurde 1871 als „Verein zum Schutz katholischer Auswanderer" gegründet und ist auch heute noch eine Beratungsstelle für Menschen, die Deutschland verlassen wollen. Auch die „Evangelisch-Lutherische Auswanderermission", die sich seit 1873 um das Wohl der Auswanderer bemüht, ist heute noch tätig. Aufgrund der 1881 einsetzenden Massenauswanderung aus Ost- und Südosteuropa wurden im Deutschen Reich 25 Komitees für jüdische Auswanderer gegründet, die sich im „Zentralkomitee für die russischen Juden" zusammenschlossen. Sie gewährten vor allem praktische und finanzielle Unterstützung.
www.raphaelswerk.de
www.ev-auslandsberatung.de

Ratgeber für Auswanderer

nach den

Vereinigten Staaten

von

Nordamerika.

14. Auflage.

Verlag der Auswanderermission in Bremen.

1904.

Ratgeber der Auswanderermission in Bremen von 1904. Eine der zahlreichen zeitgenössischen Broschüren, die von Hilfsorganisationen wie der Evangelisch-Lutherischen Auswanderermission oder dem katholischen Raphaelswerk herausgegeben wurden. Sie enthielten viele praktische Tipps für die Reise und die erste Zeit in der neuen Heimat. Exponat in der *BallinStadt*

Auswanderungsgesetze: Bis zum Beginn des 19. Jahrhunderts galten in fast allen europäischen Ländern Auswanderungsverbote. Das letzte deutsche wurde 1868 aufgehoben. Auch wenn von da an die Auswanderung prinzipiell uneingeschränkt möglich war, wurde sie doch häufig durch die Behörden erschwert. Zum Schutz der Emigranten erließ als Erstes Bremen 1832 eine Verordnung, die Mindestanforderungen an Überseeschiffe beinhaltete. Hamburg folgte dem Beispiel vier Jahre später. 1855 wurde das „Gesetz betreffend das Auswandererwesen" erlassen. 1898 trat dann ein einheitliches Reichsgesetz in Kraft, das bis 1975 gültig blieb.

Auswanderungshäfen: Der wichtigste europäische Hafen für die Einschiffung der Auswanderer war Liverpool, zwischen 1830 und 1930 brachen etwa neun Millionen Menschen von dort nach Übersee auf. Die bedeutendsten Häfen auf dem europäischen Festland waren Rotterdam (Holland), Antwerpen (Belgien), Le Havre (Frankreich) und Genua (Italien). In Deutschland waren es Bremerhaven (über sieben Millionen Auswanderer zwischen 1830 und 1974) und Hamburg (etwa fünf Millionen Auswanderer zwischen 1850 und 1934).

Die 1900–1902 erbaute HAPAG-Halle in Cuxhaven steht noch heute und kann besichtigt werden. Viele der Auswanderer bestiegen hier am Steubenhöft den Überseedampfer. Von Hamburg kamen sie mit kleineren Schiffen oder mit der Bahn.

Ballin, Albert (1857–1918): Generaldirektor der HAPAG und eine der bedeutendsten Persönlichkeiten des Kaiserreichs (siehe Seite 28).

BallinStadt – Auswandererwelt Hamburg: So lautet der Name der im Juli 2007 eröffneten Ausstellung zum Thema „Auswanderung über Hamburg" am historischen Ort der Auswandererhallen auf der Veddel.

Bruttoauswanderung/Nettoauswanderung: Zwischen 1815 und 1930 verließen schätzungsweise 63 Millionen Menschen Europa (Bruttoauswanderung). Etwa jeder Sechste kehrte wieder zurück. Die Nettoauswanderung aus Europa betrug damit rund 53 Millionen.

Cholera: Bei der Choleraepidemie in Hamburg im Jahr 1892 kamen über 8000 Menschen ums Leben. Das Einschleppen der Seuche wurde osteuropäischen Durchwanderern angelastet. Der Schutz der Hamburger Bevölkerung vor derartigen Seuchen war ein wichtiger Grund für den Bau der Auswandererhallen auf der Veddel.

Cuxhaven: Die Stadt an der Elbmündung gehörte bis 1937 zu Hamburg. Ab 1889 wurden hier viele der großen Überseeschiffe abgefertigt. Die 1900–1902 erbaute HAPAG-Halle kann heute noch besichtigt werden.
www.hapag-halle-cuxhaven.de

Dampfschiffe: Die ersten Dampfschiffe der HAPAG nahmen 1855 ihren Dienst auf. In den kommenden 30 Jahren löste die Dampfschifffahrt den Passagiertransport auf Segelschiffen ab. Die Fahrt über den Nordatlantik dauerte in den 1880er-Jahren mit dem Dampfschiff rund 14 Tage, mit dem Schnelldampfer nur sieben Tage, während ein Segelschiff etwa vier Wochen benötigte.

Deutsches Auswandererhaus: Seit August 2005 zeigt das Deutsche Auswandererhaus in Bremerhaven die Geschichte der Auswanderung über Bremen.
www.dah-bremerhaven.de

Einwanderungsgesetze (USA): Bis 1875 gab es keinerlei Einschränkungen für die Einwanderung. In den 1870er- und 1880er-Jahren wurden bestimmte Gruppen (Prostituierte, Geisteskranke, Mittellose, Chinesische Vertragsarbeiter und andere) von der Einwanderung ausgeschlossen. 1892 wurde Ellis Island als zentrale Einwandererstation eröffnet, die Einwanderung unterstand nun dem Bundesrecht, eine Gesundheitskontrolle der Einwanderer und eine Befragung wurden vorgeschrieben. 1917 wurde ein Lesetest eingeführt. 1921 beschränkte der Gesetzgeber die Einwanderung durch eine Quotenregelung und legte eine Höchstzahl von 385.000 Immigranten pro Jahr fest. Die Quotenregelung wurde 1924 verschärft und die Zahl der erlaubten Einwanderer auf 164.000 reduziert.

Einwanderungshäfen: New York war der wichtigste Einwanderungshafen der USA. Weitere große Häfen an der Ostküste waren Boston, Baltimore und Philadelphia. Auch Galveston und New Orleans im Süden der USA wurden regelmäßig von Auswandererschiffen angelaufen. Kanada erreichten die meisten Emigranten über Quebec oder Halifax. Die wichtigsten Häfen Südamerikas waren Buenos Aires in Argentinien sowie Rio de Janeiro und Santos in Brasilien.

Der HAPAG-Dampfer *Deutschland*, der 1900 in Dienst gestellt wurde. In nur fünf Tagen, 15 Stunden und 46 Minuten überquerte die *Deutschland* den Atlantik und gewann damit das „Blaue Band" für die schnellste Transatlantikfahrt.

Ellis Island: Über die zentrale Einwandererstation auf einer Insel vor New York gelangten von 1892 bis 1954 etwa zwölf Millionen Menschen in die USA. Heute sind die alten Gebäude ein „national monument“ und als Museum eingerichtet.
www.ellisisland.com

Genealogie: Familiengeschichtsforschung, auch Ahnenforschung genannt. Das Internet ermöglicht heute den Zugang zu vielen interessanten Quellen wie zum Beispiel den Volkszählungslisten (Census) der USA oder Einwanderungslisten. Auch die Hamburger Passagierlisten sind über www.ancestry.de zugänglich.

Großer Grasbrook: Ursprünglich eine Insel im Hamburger Hafen, auf der 1888 die Speicherstadt errichtet wurde. Die HAPAG fertigte in den dort erbauten Passagierhallen ab 1891 ihre Fahrgäste ab. An der Stelle der historischen Passagierhallen befindet sich heute der Kreuzfahrtterminal.

Ellis Island: Das Eingangstor in die „Neue Welt“: Für die einen die „Insel der Hoffnung“, für andere die „Insel der Tränen“. Immigranten vor dem Hauptgebäude

Hamann, Johann (1859–1935): Als 30-Jähriger kam der Fotograf 1889 von Danzig nach Hamburg. Seine Spezialität war die Hafen- und Stadtfotografie. Gewissermaßen als Hausfotograf arbeitete er für die HAPAG, lichtete Schiffe, Hafenanlagen, Hafenarbeiter und auch die Auswandererhallen auf der Veddel ab. Viele seiner Bilder finden sich heute im Bildarchiv des Denkmalschutzamtes der Stadt Hamburg.
www.fhh-bildarchiv.de.

Hamburg-Amerika Linie: Da der vollständige Name der HAPAG zu lang und kompliziert schien, nannte sich die Reederei ab 1893 auch Hamburg-Amerika Linie.

Hamburger Staatsarchiv: Im Hamburger Staatsarchiv befinden sich – neben zahllosen Quellen zur Stadtgeschichte – die wichtigsten Dokumente zur Auswanderungsgeschichte über den Hamburger Hafen. Neben den Passagierlisten gehören zum Bestand die Akten der Behörde für das Auswandererwesen, in denen auch der Bau und Betrieb der Auswandererhallen dokumentiert sind. Für Familienforscher sind vor allem die Adress- und Kirchenbücher von großem Interesse.

hamburgmuseum (Museum für Hamburgische Geschichte): Seit 2007 gibt es im hamburgmuseum einen Ausstellungsbereich zum Thema „Hamburg als Auswandererstadt“. Hier wird das Thema im Zusammenhang mit der Entwicklung Hamburgs aus stadtgeschichtlicher Perspektive dargestellt.
www.hamburgmuseum.de

HAPAG: Die Hamburg-Amerikanische Packetfahrt-Actien-Gesellschaft wurde 1847 gegründet. Im Jahr darauf wurde mit dem Segler *Deutschland* der Transatlantikdienst aufgenommen. Um die Jahrhundertwende war die HAPAG zur weltweit größten Reederei aufgestiegen. 1970 fusionierte das Unternehmen mit dem Konkurrenten aus Bremen, dem Norddeutschen Lloyd, zur Hapag-Lloyd AG.

Kettenwanderung: Ein häufiges Phänomen der Auswanderung war, dass einigen „Pionieren“ im Laufe der Zeit immer mehr Menschen aus dem alten Heimatort folgten. Vor allem durch die – nicht immer zutreffenden – hoffnungsfrohen Schilderungen des Lebens in der Neuen Welt, fassten Verwandte und Nachbarn den Entschluss, ebenfalls auszuwandern. Die „neuen“ Auswanderer suchten dann ebenfalls den Kontakt zu Menschen aus ihrer Heimat, um sich in der Fremde besser zurechtzufinden.

Kontrollstationen: An den Grenzen zum Deutschen Reich und an zentralen Eisenbahnknotenpunkten wurden 1893 von der Reichsregierung Kontrollstationen eingerichtet, die von den Reedereien HAPAG und Norddeutscher Lloyd betrieben wurden. Auswanderer durften nur dann passieren, wenn sie gesund waren, einen gültigen Pass vorweisen konnten, eine Fahrkarte zum Einschiffungshafen und eine Schiffskarte einer der beiden Reedereien hatten. Die wichtigsten Stationen waren Eydtkuhnen, Bajohren, Ottlotschin, Illowo, Prostken und vor allem die zentrale Station Ruhleben in Berlin.

Litzer: So nannte man die Gauner und Betrüger in den Hafenstädten, die die Auswanderer vor allem mit der Vermittlung überteuerter Unterkünfte um ihr Geld brachten.

Logierhäuser: 1891 gab es in Hamburg 31 Unterkünfte für Auswanderer, die insgesamt etwa 2500 Personen beherbergen durften. Das größte Haus war „Meyer & Co.“ (Theerhof 5/8). Die Auswandererhallen machten den Logierhäusern große Konkurrenz. 1907, als die Auswandererhallen bis zu 5000 Menschen aufnehmen konnten, gab es in Hamburg nur noch 17 Logierhäuser.

Logierschiffe: Als um 1900 die Unterkünfte für Auswanderer in Hamburg nicht ausreichten, funktionierte die HAPAG zeitweise Schiffe zu provisorischen Unterkünften um. Zu den Logierschiffen zählten die *Belgravia*, die *Patria* und die *Bosnia*.

Migration: Wanderungsbewegung. Außer der Emigration (Auswanderung) und der Immigration (Einwanderung) sind auch die Binnenmigration (Wanderungsbewegung innerhalb eines Staates) und die Transitwanderung (Durchwanderung) von Bedeutung.

Künstlerisch gestaltete Titelseite einer Informationsbroschüre aus den 1920er-Jahren. Werbematerial, so auch Plakate, wurden häufig aufwendig produziert. Exponat in der *Ballin-Stadt*

Nettoauswanderung: siehe Bruttoauswanderung

Neue Welt: siehe Alte Welt

New Immigration: siehe Old Immigration

Norddeutscher Lloyd: Die 1857 in Bremen gegründete Reederei war die Erste, die einen regelmäßigen Schiffsverkehr zwischen Deutschland und New York einrichtete. 1970 fusionierte der Norddeutsche Lloyd mit der HAPAG zur Hapag-Lloyd AG.

Old Immigration/New Immigration: Die frühere Phase der Auswanderung aus Europa, die bis 1881 dauerte, wird aus amerikanischer Sicht als „Old Immigration" bezeichnet. In dieser Zeit wanderten vor allem West- und Nordwesteuropäer in die USA ein. Die nachfolgende Masseneinwanderung vorwiegend von Ost- und Südosteuropäern wird als „New Immigration" bezeichnet.

Passagierlisten: Ab Mitte des 19. Jahrhunderts wurden die Reedereien verpflichtet, auf Auswandererschiffen Passagierlisten zu führen, die neben dem Namen auch Herkunft und persönliche Daten der Reisenden beinhalteten. Die meisten dieser Passagierlisten existieren heute nicht mehr. Eine Ausnahme sind die Hamburger Passagierlisten, die für die Zeit von 1850 bis 1934 fast vollständig erhalten geblieben sind. Sie sind im Staatsarchiv Hamburg archiviert und im Internet unter www.ancestry.de zugänglich.

Pogrom: Unter Pogrom versteht man die gewaltsamen Massenausschreitungen gegen Minderheiten. Der Begriff stammt aus dem Russischen (Verwüstung, Zerstörung, Krawall). Im Zarenreich wurden damit die Gewalttaten gegen Juden bezeichnet, die ab 1881 wesentlich zu großen Auswanderungswellen beitrugen.

Links: Passagierliste des Dampfschiffs *Westphalia* der Route Hamburg-New York vom 15. Mai 1872. In der Spalte „bisheriger Wohnort" sind viele Ortsnamen aus Mecklenburg-Vorpommern erkennbar.

Rechts: Passagierliste des Dampfers *Reliance*, der am 19. September 1922 von Hamburg über Southampton und Cherbourg nach New York auslief. Das Schiff gehörte 1922 dem amerikanischen Harrimon-Konzern und wurde später von der HAPAG übernommen.

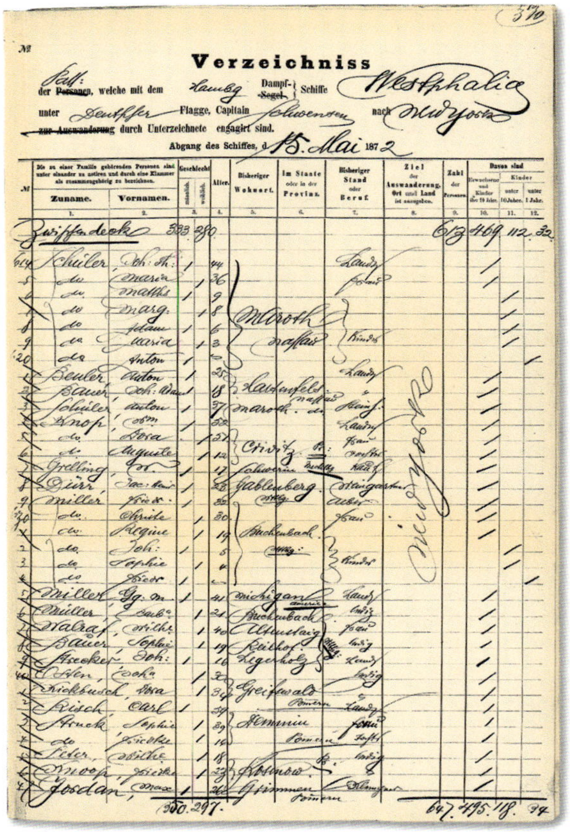

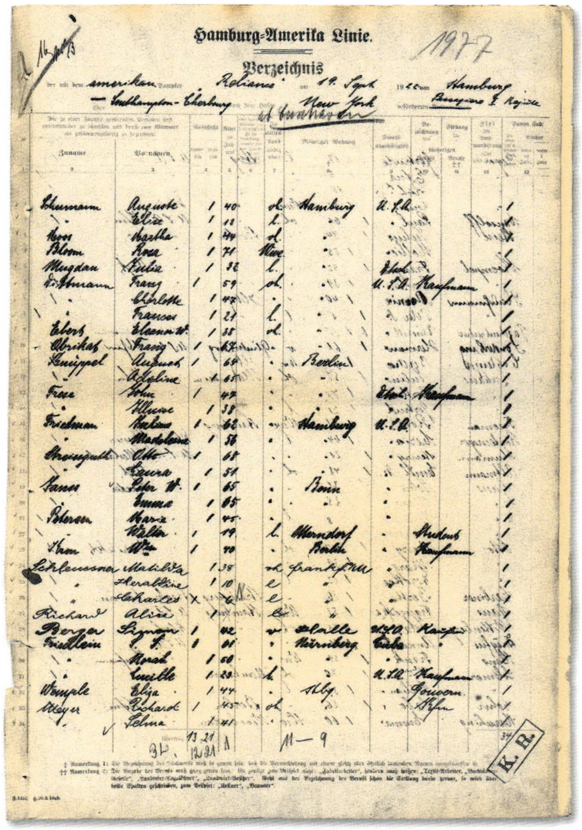

Push- und Pull-Faktoren: Als Push-Faktoren werden Ereignisse und Umstände bezeichnet, die Menschen aus ihrer Heimat „fortdrängen", zum Beispiel Hungersnöte oder Verfolgungen. Die Pull-Faktoren „ziehen" die Auswanderer in ein neues Land. Beispielsweise der Goldrausch in Kalifornien oder Briefe von Auswanderern in die Heimat, in denen die positiven Seiten des neuen Lebens beschrieben wurden, um Familie und Freunde zur Ausreise zu motivieren.

Tender: Wenn große Dampfschiffe wegen ihres Tiefgangs nicht am Kai anlegen konnten, wurden die Passagiere mit kleinen Schiffen, den Tendern, zum Überseedampfer gebracht. Tender transportierten auch manchmal die Menschen von den Auswandererhallen auf der Veddel zu den Passagierhallen im Freihafen.

Transitwanderung: Nur 37 Prozent der über Hamburg ausgewanderten fünf Millionen Menschen kamen aus Deutschland. 63 Prozent kamen aus anderen Ländern Europas, vor allem aus Ost- und Südosteuropa. Sie durchquerten das Deutsche Reich nur auf ihrem Weg in die Neue Welt, sie waren Transitreisende oder – wie man damals sagte – Durchwanderer.

Überseeheim: 1924 wurden die Auswandererhallen auf der Veddel umbenannt in „Überseeheim der Hamburg-Amerika Linie". Mit dem Namen sollte der neue Charakter dieser Einrichtung unterstrichen werden, der nun mehr Komfort und eine „heimelige" Anmutung bieten sollte.

Veddel: Der Hamburger Stadtteil Veddel liegt südöstlich der Innenstadt und wird von ihr durch die Norderelbe getrennt. Heute wohnen rund 5000 Menschen in dem Stadtteil, der nur zwei S-Bahn-Stationen vom Hauptbahnhof entfernt ist. In unmittelbarer Nähe des Wohngebiets standen die Auswandererhallen der HAPAG. Ein Gebäude hat, wenn auch baulich stark verändert, die Zeit überdauert und bildet nun den historischen Kern der „*BallinStadt* – Auswandererwelt Hamburg".

Zwischendeck: Um möglichst viele Menschen transportieren zu können, wurden zwischen Oberdeck und Laderaum provisorische Quartiere mit zweistöckigen Kojen eingerichtet. Auf der Rückfahrt von Amerika nach Europa konnten die Einrichtungen ohne großen Aufwand entfernt und der Raum für Ladung benutzt werden.

Die *BallinStadt* im April 2007. Ergänzend zu den rekonstruierten Gebäuden deutet die Birkenbepflanzung die früher spiegelbildlich gegenüber stehenden Pavillons an.

„... nach Amerika!“: Auswanderung in die Vereinigten Staaten; Ausstellung aus Anlaß der Unabhängigkeitserklärung der Vereinigten Staaten am 4. Juli 1776, 4. Juli–26. September 1976, Museum für Hamburgische Geschichte / Wolfgang Hell, Hamburg 1976
125 Jahre Auswandererberatung in Hamburg: 1873–1998; Festschrift der Evangelischen Auslandsberatung (vormals Ev.-Luth. Auswanderermission) / Evangelische Auslandsberatung für Auswanderer, Auslandstätige und Ausländer-Ehen, Hamburg 1998
80 Jahre Sankt-Raphaels-Verein 1871–1951, Festschrift des Sankt-Raphaels-Vereins zum Schutze Katholischer Deutscher Auswanderer, Hamburg 1951.
Bade, Klaus J./Oltmer, Jochen: Normalfall Migration, Deutschland im 20. und frühen 21. Jahrhundert, Bundeszentrale für Politische Bildung, Bonn 2004
Bade, Klaus J.: Europa in Bewegung: Migration vom späten 18. Jahrhundert bis zur Gegenwart, München 2000.
Baines, Dudley: Emigration from Europe 1815–1930, Cambridge 1995
Berlin, Jörg/Schmoock, Matthias: Auswandererhafen Hamburg, Hamburg 2000
Beuke, Arnold: Werbung und Warnung: Australien als Ziel deutscher Auswanderer im 19. Jahrhundert, Bern u.a. 1999
Bickelmann, Hartmut: Deutsche Überseeauswanderung in der Weimarer Zeit, Hamburg (Diss.) 1978
Brenner, Peter J.: Reisen in die Neue Welt: die Erfahrung Nordamerikas in deutschen Reise- und Auswandererberichten des 19. Jahrhunderts, Tübingen 1991
Bretting, Agnes/Bickelmann, Hartmut: Auswanderungsagenturen und Auswanderungsvereine im 19. und 20. Jahrhundert, Stuttgart 1991
Deutsches Auswandererhaus Bremerhaven, Das Buch zum Deutschen Auswandererhaus, Bremerhaven 2006
Enzensberger, H. M.: Die Große Wanderung, 33 Markierungen, Frankfurt am Main, 1992
Evans, Richard J.: Tod in Hamburg, Stadt, Gesellschaft und Politik in den Cholera-Jahren 1830–1910, Reinbek bei Hamburg, 1990
Friedrich Jerchow: Hamburg als Auswandererstadt, Hamburg Porträt, Heft 19/84, Museum für Hamburgische Geschichte, Hamburg 1984
Gelberg, Birgit: Auswanderung nach Übersee. Soziale Probleme der Auswandererbeförderung in Hamburg und Bremen von der Mitte des 19. Jahrhunderts bis zum Ersten Weltkrieg. (Beiträge zur Geschichte Hamburgs 10), Hamburg 1973
Gerdes, Gisela: Auswandererhafen im 19. Jahrhundert, Hamburg (Behörde für Berufsbildung, Amt für Schule, Referat 62/3) 1986
Goral-Sternheim, Arie: Ostjuden auf Wanderschaft: Transit Hamburg 1885–1933; Auswanderer-Internierungslager Veddel – Hafen Hamburg, Eine Gedenkschrift zum 800. Hafengeburtstag, Hamburg 1989
Grabbe, Hans-Jürgen: Vor der großen Flut: Die europäische Migration in die Vereinigten Staaten von Amerika 1783–1820, Stuttgart 2001
Helbich, Wolfgang (Hrsg.): „Alle Menschen sind dort gleich...“ Die deutsche Amerika-Auswanderung im 19. und 20. Jahrhundert, Düsseldorf 1988
Helbich, Wolfgang u. a. (Hrsg.): Briefe aus Amerika: Deutsche Auswanderer schreiben aus der Neuen Welt 1830–1930, München 1988
Helbich, Wolfgang: „Amerika ist ein freies Land...“. Auswanderer schreiben nach Deutschland, Darmstadt und Neuwied 1985
Helm, Matthew und April Leigh Helm: Ahnenforschung online für Dummies: erstellen Sie Ihren Familienstammbaum, Bonn 2000
Hoerder, Dirk/Knauf, Diethelm (Hrsg.): Aufbruch in die Fremde. Europäische Auswanderung nach Übersee, Bremen 1992
Just, Michael: Auswanderung und Schifffahrtsinteresse, Stuttgart 1992
Just, Michael: Ost- und südosteuropäische Amerikawanderung 1881–1914: Transitprobleme in Deutschland und Aufnahme in den Vereinigten Staaten, Stuttgart 1988
Kafka, Franz: Amerika, Süddeutsche Zeitung Bibliothek, München 2004
Klöpfer, Christian Adolf David: Die Abenteuer meines Lebens. Das Tagebuch eines Auswanderers, Hamburg 2007
Krohn, Heinrich: Und warum habt ihr denn Deutschland verlassen? 300 Jahre Auswanderung nach Amerika, Bergisch Gladbach 1992
Macha, Jürgen/Nicolay-Panter, Marlene/Herborn, Wolfgang: Wir verlangen nicht mehr nach Deutschland: Auswandererbriefe und Dokumente der Sammlung Joseph Scheben (1825–1938), Frankfurt/Main 2003
Mein Feld ist die Welt, Die Hamburger Auswandererhallen in Johann Hamanns Fotografien (1909) mit einem Text von Ulrich Keller, Köln 1981
Moltmann, Günter (Hrsg.): Deutsche Amerikaauswanderung im 19. Jahrhundert: Sozialgeschichtliche Beiträge, Stuttgart 1976
Moltmann, Günter: Hamburg als Auswandererhafen, in: Jürgen Ellermeyer und Rainer Postel: Stadt und Hafen: Hamburger Hafen und Schiffahrt, Hamburg 1986 (S. 166–179)
Ottmüller-Wetzel, Birgit: Auswanderung über Hamburg: Die H.A.P.A.G. und die Auswanderung nach Nordamerika 1870–1914, Hamburg, 1986
Perec, Georges/Bober, Robert: Geschichten von Ellis Island oder Wie man Amerikaner macht, Darmstadt 1998
Ribbe, Wolfgang/Henning; Eckart: Taschenbuch für Familiengeschichtsforschung, Rothenburg ob der Tauber, 2006 (13. Auflage)
Schenck zu Schweinsberg, Christoph Freiherr von: The German Element. Deutsche Einwanderer in den USA, herausgegeben von John C. Kornblum, Hamburg 2003
Schöberl, Ingrid: Amerikanische Einwandererwerbung in Deutschland 1845–1914, Stuttgart 1990.
Schulz, Karin (Hrsg.): Hoffnung Amerika: europäische Auswanderung in die Neue Welt, Bremerhaven 1994
Schulz, Karin: Der Auswandererbahnhof Ruhleben – Nadelöhr zum Westen, in: Die Reise nach Berlin, Berlin 1987
Sielemann, Jürgen u.a. (Hrsg.): Überseeische Auswanderung und Familienforschung (Veröffentlichungen aus dem Staatsarchiv der Freien und Hansestadt Hamburg, Band XVIII), Hamburg 2002
Sthamer: Die Auswandererhallen der Hamburg-Amerika Linie in Hamburg, Hamburg o. J.
Stubmann, Peter Franz: Ballin. Leben und Werk eines deutschen Reeders, Leipzig 1926
Styliani, Tsaniou: Die „Ballin-Stadt“ auf der Veddel: Ein sozial- und wirtschaftsgeschichtlicher Beitrag zur Erforschung der Entstehung und Funktion der Auswandererhallen. Wissenschaftliche Hausarbeit, Hamburg 2006
von Freden, Herman/Smolka, Georg: Auswanderer: Bilder und Skizzen aus der Geschichte der deutschen Auswanderung, Leipzig 1937
Wehner-Franco, Silke: Deutsche Dienstmädchen in Amerika: 1850–1914, Münster 1994
Wiborg, Susanne: Albert Ballin, Hamburg 2000